Wandern

im

Hunsrück

W0041789

Wolfgang Bartels

Inhalt

Bitte schreiben Sie uns, wenn sich etwas geändert hat!
Alle in diesem Buch enthaltenen Angaben wurden vom Autor nach bestem
Wissen erstellt und von ihm und dem Verlag mit größtmöglicher Sorgfalt
überprüft. Gleichwohl sind – wie wir im Sinne des Produkthaftungsrechts
betonen müssen – inhaltliche Fehler nicht vollständig auszuschließen.
Daher erfolgen die Angaben ohne jegliche Verpflichtung oder Garantie des
Verlages oder des Autors. Beide übernehmen keinerlei Verantwortung und
Haftung für etwaige inhaltliche Unstimmigkeiten. Wir bitten dafür um Ver-
ständnis und werden Korrekturhinweise gerne aufgreifen:
DuMont Reiseverlag, Postfach 10 10 45, 50450 Köln
E-Mail: info@dumontreise.de

Wandern im Hunsrück

Wandersaison

Die beste Wanderzeit für den Hunsrück ist der Herbst, wenn längere stabile Wetterlagen erwartet werden können. Das eindrucksvollste Naturerlebnis vermitteln Wanderungen im Mai und Juni, wenn sich die Landschaft in frischem Grün und bunter Blütenpracht zeigt. Insbesondere die Orchideenblüte im Frühsommer sollte nicht versäumt werden. Reizvoll sind natürlich auch Winterwanderungen bei Raureif oder Schnee.

Anspruch

In der Rubrik ›Die Wanderung in Kürze‹ wird jeweils darauf hingewiesen, ob es sich bei der Wanderung um eine einfache (+) oder eine mittelschwere (++) Tour handelt.

Gehzeiten

Bitte beachten Sie: Alle in diesem Wanderführer aufgeführten Zeiten verstehen sich als reine Gehzeiten. Rechnen Sie bei der Planung einer Tour noch etwa ein Fünftel bis ein Viertel der Zeit hinzu, um Pausen für die Rast oder zum Fotografieren, Abstecher oder schlimmstenfalls ein Verlaufen zu berücksichtigen. Auch ein Wettersturz, abgerutschte Wege oder angeschwollene Bäche können die Wanderzeit erheblich verlängern.

Wege und Markierungen

Die Wanderwege im Hunsrück werden vom Hunsrückverein und den örtlichen Verkehrsvereinen betreut. Nicht überall wird jedoch darauf geachtet, ob die Markierungen überhaupt noch vorhanden oder erkennbar sind. Eine verlässliche Karte ist zur Orientierung meist unentbehrlich. Ein überregionaler Wanderweg (immer gut markiert) ist der Europäische Fernwanderweg E 3 Atlantik – Ardennen – Böhmerwald, der den Hunsrück von Saarburg nach Bacharach überquert. Zeichen ist das blaue Andreaskreuz. Wanderwege des Hunsrückvereins: Der Hunsrückhöhenweg (Zeichen: H) von Boppard über Kastellaun, das Hahnenbachtal, den Wildenburger

Kopf und den Erbeskopf bis Bernkastel-Kues. Der Moselhöhenweg (rechts der Mosel) (Zeichen: M) von Koblenz nach Trier. Der Ausoniuswanderweg (Zeichen: A oder Römerkopf) auf der Trasse der alten Römerstraße von Bingen nach Trier. Wanderwege im Hochwald: Osburger Hochwald-Weg (Zeichen: OH), Schwarzwälder Hochwald-Weg (Zeichen: SH) und Großer Rundweg (Zeichen GR).

Ausrüstung

Alle beschriebenen Wege sind leicht bis mittelschwer; extreme Touren fehlen. Dennoch sind bei allen Routen Wanderschuhe, zumindest aber feste Schuhe zu empfehlen. Bei einigen Touren sind sogar leichte Kletterpartien zu absolvieren. Ansonsten ist normale Wanderkleidung (inkl. Regenschutz) ausreichend. Bei Wanderungen auf ausgesetzten Höhenkämmen ist zudem mit kaltem Wind zu rechnen. Bei vielen Wanderungen ist an genügend Rucksack-Proviant zu denken.

Wanderkarten

Das Landesvermessungsamt Rheinland-Pfalz bietet Topographische Karten im Maßstab 1:50 000 an. Diese sind über alle Buchhandlungen erhältlich. Darüber hinaus sind in den Verkehrsämtern örtliche Wanderkarten, meist im Maßstab 1:25 000, zu erhalten. Allerdings stimmen die Markierungen in den Karten oft nicht mit der Wirklichkeit überein, da in vielen Regionen die Ausschilderung der Wege vernachlässigt wird.

Mit Bus und Bahn

Der Personentransport der Hunsrückbahn wurde schon vor zwei Jahrzehnten eingestellt. Lediglich von Boppard verkehren noch Züge auf der steilsten Bahnstrecke Deutschlands, jedoch nur bis Emmelshausen. Eine Anreise mit der Bahn ist ansonsten nur bis in die Flusstäler möglich. Busse des öffentlichen Nahverkehrs sind auf die Schülerbeförderung ausgerichtet und deshalb für Wanderer weitgehend ungeeignet.

SYMBOLE IN DEN KARTEN

- Gasthaus
- Schutzhütte, Unterstand
- Kirche
- Kapelle
- Kloster
- Burg, Schloss
- Burgruine
- Aussichtsturm
- Archäologische Stätte
- Denkmal, Monument
- Bergwerk (in Betrieb)
- Bergwerk (aufgelassen)
- Mühle
- Wegkreuz
- Rastplatz
- Höhle
- Quelle
- Hervorragender Nadelbaum
- Hervorragender Laubbaum
- Schwimmbad

Was bedeutet ›Hunsrück‹?

Als rau und wild gilt der Hunsrück, und gerade das macht den Reiz dieser Landschaft aus. Geschlossene Wälder wie sonst nur in wenigen Regionen Mitteleuropas. Weite Hochflächen, die Sonne und Wind ausgesetzt sind. Gebirgskämme, über die vor allem im Frühjahr und im Herbst kräftige Stürme brausen. Tief eingeschnittene, steile Täler, die oft viel zu eng für eine Straße sind.

Stundenlang kann man hier wandern, ohne einen anderen Menschen zu treffen. Aber die Spuren von zweitausend Jahren Menschheitsgeschichte sind hier überall zu finden, auch wenn diese Region immer wieder eher Opfer der Weltgeschichte war als einer ihrer glänzenden Protagonisten.

Woher der seltsame Name des Gebirges zwischen Mosel und Nahe stammt, ist rätselhaft und bei den Volkskundlern umstritten. Ist es die Geländeform, die an einen Hunderückern erinnert? Schließlich nennen die Einheimischen ihre Heimat liebevoll auch ›Hundsbuckel‹. Das Rheinische Wörterbuch verweist auf das Sprichwort: »Wie sieht mer am beste den Hunsrück? Wenn mer dem Hund vom Schwanz iewer de Buckel no dem Kopp guckt.«

Oder erinnert der Namen an das Volk der Hunnen, nach denen auch der ›Hunnenring‹ bei Otzenhausen benannt ist? Hat er etwas mit ›Hünen‹, also Riesen, zu tun, deren ›Hünengräber‹ in Wirklichkeit keltische Grabhügel sind? Ist der Name eine Ableitung von ›Hundgedinge‹, einem Gerichtsbezirk einer fränkischen Hundertschaft des frühen Mittelalters? Oder geht der Name zurück auf das keltische Wort ›hun(d)‹ für Wasser und das althochdeutsche ›hrukki‹ für Rücken? ›Hunsrück‹ würde demnach etwa heißen: nasser, sumpfiger Gebirgsrücken.

Jedenfalls nennt eine Klosterurkunde aus Ravengiersburg im Jahre 1074 schon den Namen ›hundesrucha‹, ohne allerdings die Bedeutung zu erklären. Möglicherweise narrt die Namensforscher sogar ein Schreibfehler, der in dieser Urkunde vermutet wird. Im 13. Jh. gab es dann einen Burgmann von Dhaun namens Wenzo von Hundisruck. Es ist gut möglich, dass damals der Sinn des Namens schon längst vergessen war, dessen Wurzeln weit bis in die keltische Zeit zurückreichen.

Hunsrück: Das sind weite Hochflächen, die von markanten Felsrücken begrenzt werden. Das sind tief eingeschnittene Bachtäler und sumpfige Moore an den Flanken der Höhenzüge. Das ist Bauernland mit Feldern und Weiden, aber auch urwüchsiger Wald auf den Höhen. Hunsrück: Das ist eine der wenigsten ge- und zerstörten Mittelgebirgslandschaften in Deutschland.

Vielleicht blieb dem Hunsrück das Schicksal der gewerblichen und touristischen Übererschließung gerade deswegen erspart, weil er relativ unbekannt ist. Für den Wanderer, der sich heute auf den Weg macht, verspricht der Hunsrück jedenfalls Naturerlebnisse, die anderswo in Deutschland kaum noch möglich sind. Wer einmal den Idarkopf erklommen und die Flickenteppiche der umliegenden Wälder und Felder gesehen hat, wird dieses Bild einer deutschen Landschaft nicht vergessen.

Der Hunsrück bildet eine naturräumliche Einheit am Südwestrand des Rheinischen Schiefergebirges. Seine natürlichen Grenzen bilden die Flussläufe der Saar, der Mosel, des Rheins und der Nahe. Hundertzwanzig Kilometer lang ist das Mittelgebirge und dreißig bis vierzig Kilometer schmal. Auf genau 4444 Quadratkilometer sind die Landvermesser gekommen. 360 Dörfer, oft mit viel Fachwerk und Schiefer, finden sich auf der Hochfläche verstreut, keine größere Stadt.

Drei größere Höhenrücken lassen sich voneinander abgrenzen:
– Der **Hochwald** im Westen mit dem Hauptkamm des Schwarzwälder Hochwaldes, dem der Osburger Hochwald vorgelagert ist. Hier findet sich auch der höchste Berg des Mittelgebirges, der Erbeskopf (818 m).
– Der etwa 30 km lange Quarzitrücken des **Idarwaldes** mit der Vorkette des Haardtwaldes. Die höchsten Gipfel sind hier An den zwei Steinen (766 m) und Idarkopf (746 m).
– Der im Südosten liegende **Soonwald**, der aus drei parallelen Bergketten besteht. Der höchste Gipfel ist die Ellerspring (657 m). Im Westen ist der Lützelsoon (›Kleiner Soon‹) vorgelagert. Im Osten liegt der Binger Wald.

Diesen Gebirgsketten zur Mosel hin vorgelagert ist die **Hunsrückhochfläche**. Kaum ist von oben zu erkennen, dass diese Hochfläche von tiefen Kerbtälern durchfurcht ist, die hinunter zur Mosel führen.

Politisch gehört fast der gesamte Hunsrück zum Bundesland Rheinland-Pfalz. Nur ein kleiner Zipfel im äußersten Südwesten wird dem Saarland zugerechnet.

Der Schinderhannes

Den einen gilt er als edler Räuber, der den Reichen nahm und den Armen gab, den anderen als feiger, dafür um so brutalerer Raubmörder, der sogar seine eigenen Kameraden verpfiff. Bis heute hält der Streit um Schinderhannes, den Räuberhauptmann und ›König vom Soonwald‹, an. Wer war dieser Schinderhannes, der immerhin als der bekannteste Hunsrücker gelten muss?

Mit bürgerlichem Namen hieß der Schinderhannes Johannes Bückler. Sein Vater, Johann Bückler der Ältere, betrieb das als unehrenhaft geltende Handwerk des Abdeckers, im Volksmund ›Schinder‹ genannt. Er heiratete im rechtsrheinischen Miehlen die aus einer Kleinbauernfamilie stammende Anna Maria Schmitt. Dort wurde um 1780 das erste Kind Johannes geboren, das später zum ›Schinderhannes‹ werden sollte.

Als Fünfzehnjähriger verließ Johannes nach einem Diebstahl das Elternhaus und trat in die Dienste des Scharfrichters und Abdeckers Nagel in Bärenbach. Wegen eines Diebstahls von Kalbshäuten wurde er in Kirn festgenommen und zu einer Prügelstrafe verurteilt. Es gelang ihm aber, aus dem Gefängnis zu fliehen. Kurz darauf verbündete er sich mit dem ›Müllerhannes‹ und dem ›Petronellenmichel‹.

Jetzt begann die eigentliche Karriere des Räuberhauptmanns: Am 21. Dezember 1797 wurde Niklas Rauschenberger, genannt ›Plackenklos‹, vom Schinderhannes und zwei Gefährten erschlagen, nachdem er sich mit sehr unfeinen Methoden an die 15-jährige Botslies-Ami in Schneppenbach herangemacht hatte. Auf die hatte Bückler nämlich selbst ein Auge geworfen. Diebstähle und Überfälle folgten.

Im Juli 1798 wurde er von französischen Häschern festgenommen und nach Saarbrücken gebracht, wo ihm aber in der ersten Nacht die Flucht gelang. Am 12. August wurde der jüdische Händler Simon Seligmann an der Thiergartenhütte im Soonwald vom Schinderhannes und Peter Petry, genannt der ›Schwarze Peter‹, ermordet. Danach wurde Bückler mehrfach verhaftet, aber immer wieder konnte er ausbrechen. Seither berichtet die Legende, der Schinderhannes könne sich bei Bedarf unsichtbar machen.

Die Taten des Schinderhannes fallen in eine Zeit, in der Kriege, Not und Elend die herkömmlichen Vorstellungen von Recht und Ordnung zerrüttet hatten. Die linksrheinischen Gebiete waren 1797 in die Französische Republik integriert worden. Die alten Verwaltungsstrukturen waren aufgelöst, die neuen noch kaum funktionsfähig. Zudem waren die französischen Besatzer bei der Bevölkerung nicht sehr beliebt, sodass Leute wie der Schinderhannes durchaus mit Sympathie rechnen konnten, wenn sie die Vertreter der Besatzungsmacht zum Narren hielten. Und: Da die Opfer des Schinderhannes ausschließlich ›Reiche‹ waren, brauchten ihn die armen Schlucker in den Dörfern nicht zu fürchten.

An Ostern 1800 verliebte sich der Schinderhannes beim Tanz in die Tochter eines Musikanten, Juliana Bläsius, genannt ›Julchen‹. Mit ihr als Räuberbraut hielt er Hof auf den versteckt im Hahnenbachtal gelegenen Ruinen der Schmidtburg.

Schließlich wurde am 31. Mai 1802 bei Wolfenhausen im Taunus ein gut gekleideter Fremder aufgegriffen, der sich nicht ausweisen konnte. Es stellte sich heraus, dass es Johannes Bückler war. Kurz darauf wurde auch Julchen verhaftet, und beide wurden an die Besatzungsmacht Frankreich ausgeliefert. In Mainz wurde ihnen und der übrigen Bande der Prozess gemacht – übrigens einer der ersten öffentlichen Prozesse der Rechtsgeschichte mit umfangreichen Zeugenvernehmungen, langwierigen Beweisaufnahmen und je einem Verteidiger für jeden der achtundsechzig Angeklagten.

Am 1. Oktober 1802 gebar Julchen im Mainzer Gefängnis einen Knaben, der Franz Wilhelm getauft und von einem Zollwächter adoptiert wurde. Ein Jahr später erging das Urteil: zwei Jahre Haft für Julchen, aber das Todesurteil für den Schinderhannes und seine Kumpanen. Zusammen mit 19 anderen Verurteilten starb er vor den Mainzer Stadttoren am 21. November 1803 unter den Augen von vierzigtausend Zuschauern unter dem Fallbeil der Guillotine. Der Mythos des Schinderhannes wurde erst jetzt richtig lebendig – und ist es bis heute geblieben.

Essen und Trinken im Hunsrück

Der Hunsrück ist Bauernland, und so ist die traditionelle Küche deftig ländlich geprägt, auch wenn es ›die‹ Hunsrücker Küche nicht gibt. Eine große Rolle spielte die ›Grundbirne‹, Krummbeer oder heute einfach Kartoffel. Angesichts der Hungersnöte war sie ein äußerst wertvolles Nahrungsmittel. Erstmals erwähnt wird sie im Hunsrückraum in einer Polizeiakte: Im Jahre 1723 wurde einer Frau in Leisel ein Korb Grundbirnen, der unter dem Bett gestanden hatte, gestohlen. So wertvoll also war die Kartoffel, dass man sie unter dem Bett versteckte. Im Birkenfelder Land wird von einem Hunsrücker berichtet, der sich aufmachte, die Welt zu bereisen. Doch schon am vierten Tag war er wieder zu Hause: »Wenn ich net jede Omend e Dippe voll Grombiere kriehn, dann kann ich net bestehn.«

Zubereitet werden die Kartoffeln ›geback‹, ›gedämbt‹ (gedämpfte Pellkartoffeln), ›gekwellt‹ (Salzkartoffeln) oder als ›Grmobiereschdambes‹ (Kartoffelbrei). Herzhafte und bis heute beliebte Kartoffelgerichte sind ›Gefillte Klees‹ (mit Hackfleisch gefüllte Klöße). Ebenfalls schmackhaft ist ›Schales‹ oder ›Dibbelabbes‹, eine gebackene Kartoffelmasse mit kräftiger Kruste.

Rund um Birkenfeld und Idar-Oberstein kennt man noch die ›Krummbeereworschd‹, die Kartoffelwurst. Als Beilage zu Braten aller Art empfehlen sich ›Blechkrummbeere mit Speckgriebcher‹.

Etwas ganz Besonderes ist der Idar-Obersteiner Spießbraten, dessen Rezept die Edelsteinhändler aus Südamerika mitgebracht haben sollen: Über offenem Holzfeuer werden große Fleischstücke saftig gebraten. Im Vorderen Hunsrück gilt ›Saurer Kappes‹ als Fest- und Hochzeitsessen: Stampfkartoffeln und Sauerkraut werden mit Meerrettich und einem Brei aus weißen Bohnen (manchmal auch aus Erbsen) angerichtet. Dazu gibt es Kasseler oder Eisbein. Beliebt bei den Alten sind auch ›Morde un Klees‹, Möhren und Kartoffelklöße, die mit gekochtem Rindfleisch gereicht werden.

Allerdings – das sei vermerkt – finden sich nur ganz wenige Gasthöfe, in denen die Hunsrücker Küche noch gepflegt wird. Oft gilt sie als zu schwer. Hunsrücker Bauernküche wird zum Beispiel im Gasthaus Röper in Hellertshausen (bei Stipshausen) serviert. Eine gute Adresse ist auch das Restaurant auf der Wildenburg bei Kempfeld. Gehobene, etwas leichtere Hunsrücker Küche ist im Landhaus Wartenstein in Oberhausen bei Kirn zu genießen.

Ansonsten wird im Hunsrück die ganze Palette der Kochkunst aufgeboten: von Johann Lafers Nobelrestaurant ›Deutscher Michel‹ auf der Stromburg bis zur alten Mühle im einsamen Tal, in der schon ein Stück saftigen Schinkens mit frischem Bauernbrot nach einer langen Wanderung den siebten kulinarischen Himmel verheißt. Stern- und kochmützengeschmückte Gourmet-Restaurants zusätzlich zu Johann Lafers Stromburg finden sich in Bescheid (Malerklause), Horbruch (Historische Schossmühle), Kempfeld (Hunsrücker Fass), Naurath (Landhaus St. Urban), Neuhütten (Le Temple du Gourmet), Rudolfshaus (Forellenhof Reinhartsmühle) und Simmern (Schwarzer Adler).

Getrunken wird im Hunsrück Wein, der schließlich reichlich zu Füßen des Gebirges, an Mosel, Mittelrhein und Nahe, wächst. Auch Bier ist natürlich beliebt, verfügt der Hunsrück mit der Kirner Brauerei doch über eine weithin bekannte Braustätte. Die Äpfel, die auf den Streuobstwiesen heranreifen, werden zu Viez, einem Apfelwein, verarbeitet. Und auf das Brennen von Obst- und Tresterschnäpsen versteht man sich hier bestens. Zum Löschen des anschließenden ›Brandes‹ empfehlen sich Mineralwässer, wie sie in Schwollen abgefüllt werden.

Ein Kirner Arzt bescheinigte übrigens im 18. Jh. den Hunsrückern: »Sie sind sehr zu Ausschweifungen im Wein- und Branntweintrinken geneigt.« Das mag übertrieben sein, denn angesichts der ärmlichen Verhältnisse war den Hunsrückern auch ein ausgeprägter Hang zur Sparsamkeit anerzogen. Immerhin ist aber die ›nüchterne‹ Sachlichkeit eines Mannes überliefert, der einmal zuviel getrunken hatte: »Dau host für 25 Grosche Wein gesuff unn eich noore (nur) für zehn Grosche Branntwein – unn ich sinn doch mee (mehr) besuff wie dau!«

Kelten und Römer im Hunsrück

Die menschliche Besiedlung des Hunsrücks geht zurück bis in die Jungsteinzeit (3000 bis 1700 vor Christus), aus der Spuren in Form von Steinäxten, Pfeilspitzen, Faustkeilen und Menhiren (Göttersteinen) überliefert sind. Während der Eisenzeit (800 bis 50 vor Christus) wurden auch die bewaldeten Höhen besiedelt, vor allem durch den keltischen Volksstamm der Treverer. Mächtige Fliehburgen und Ringwälle auf den Gipfelplateaus erinnern an diese ursprünglichen Hunsrück-Bewohner. Die Art der Siedlungs- und Bestattungsformen lässt die Archäologen von einer besonderen Eifel-Hunsrück-Kultur während der späten Hallstattzeit und der frühen Laténezeit sprechen.

Mit den Feldzügen von Gaius Julius Caesar in den Jahren 58 bis 51 vor Christus wurden die gallischen Gebiete westlich des Rheins dem römischen Imperium unterworfen und eingegliedert.

In den rund fünf Jahrhunderten römischer Herrschaft wird der Hunsrück mit einem dichten Netz von Militärstraßen überzogen. Während in den Flusstälern Kastelle und befestigte Städte entstehen, werden im Hunsrücker Hinterland neben Straßenstationen Landvillen und Gutshöfe gebaut, die oft von verdienten Veteranen der römischen Heere bewohnt werden. Die Stadt Trier, Augusta Treverorum, am Fuße des Hunsrücks wird zur Kaiserresidenz und zur Hauptstadt des römischen Westreiches.

Den Römern gelangen für die damalige Zeit erstaunliche Erfolge. Innerhalb weniger Tage konnten sie starke Truppen über große Entfernungen von einem an den anderen Ort bringen.

Sie betrieben einen ausgedehnten Handel, der alle Provinzen des Weltreiches miteinander verband. Und sie hatten eine Post, den Cursus publicus, die es an Schnelligkeit sehr wohl mit der heutigen Briefübermittlung aufnehmen kann (Tagesleistung: 200 km).

Das Geheimnis dieser Erfolge: Die Römer nutzten nicht nur die Meere und großen Flüsse für die Schiffahrt, sondern sie verfügten über hervorragend ausgebaute Verkehrswege übers Land. Die Gesamtlänge des römischen Straßennetzes betrug 80 000 km. Die Strecke von Rom nach Mainz konnte in zehn Tagen bewältigt werden. Zwei große Straßenachsen führten zur Römerzeit von Süden nach Norden: im Westen eine Straße von Lyon über Metz und Trier nach Köln, im Osten eine Straße vom St. Bernhard-Pass über Straßburg, Speyer und Mainz nach Köln.

Wie die Sprossen einer Leiter wurden diese beiden Straßen mit Querachsen verbunden, eine südliche von Lyon nach Basel, eine mittlere von Metz über Kaiserslautern nach Mainz und eine nördliche von Trier nach Bingen. Letztere ist auch unter dem Namen ›Ausoniusstraße‹ bekannt, weil auf ihr im Jahre 371 der Dichter Ausonius von Mainz über den Hunsrück nach Trier reiste und seine Erlebnisse im Gedicht ›Mosella‹ festgehalten hat.

Für die Straßen war eine Mindestbreite von rund 6 m festgelegt, so dass zwei Fuhrwerke aneinander vorbeifahren konnten. Die Piste ruhte auf einem bis zu einem Meter dicken Straßenkörper, der mit Sand, Kies, Schotter und Felsplatten befestigt war. Die Fahrbahndecke war gewölbt, so dass das Regenwasser in Straßengräben abfließen konnte.

Man versuchte, die Trasse so gradlinig wie möglich zu führen, und scheute dabei vor kräftigen Steigungen nicht zurück, wie gerade im Hunsrück zu sehen ist. In regelmäßigen Abständen gab es Straßenstationen und Gasthäuser zum Wechsel der Pferde und zur Erfrischung der Reisenden.

Sogar Straßenkarten gab es damals, wie die Tabula Peutingeriana, die Peutingerkarte aus dem 3. Jh., in der die Ausoniusstraße eingezeichnet ist. Die Entfernung von Bingen nach Kirchberg (›Dumno‹) wird mit sechzehn gallischen Leugen angegeben, das sind 35 km (1 Leuge = ca. 2,2 km).

Tour 1

Durch die wilde Ehrbachklamm

Von Oppenhausen über Schloss Schöneck zur Eckmühle

Diese Wanderung führt steil hinunter in die wild-romantische Ehr-bachklamm, in der mittelalterliche Burgen und Mühlen auf ihre Ent-deckung warten. Der Weg durch die enge Klamm ist streckenweise in den Fels gehauen und mit Seilen gesichert.

DIE WANDERUNG IN KÜRZE

++
Anspruch

3 Std.
Gehzeit

10 km
Länge

Charakter: Wanderung erfordert Trittsicherheit, vor allem an den Kletter-partien. An besonders engen Stellen kann – je nach Veranlagung – Be-klemmung auftreten. Auf festes Schuhwerk achten.

Wanderkarten: WK 1:25 000 Region Emmels-hausen, TK 1:50 000 Der Rhein von Bingen bis Koblenz

Einkehrmöglichkeiten: Im Ehrbachtal in der Daubis-bergermühle und in der Eckmühle.

Anfahrt: Mit dem Auto über die Autobahn A 61, Abfahrt Boppard. Rechts in die Hunsrückhöhenstraße B 327 einbiegen und nach etwa 500 Metern nach links in Richtung Broden-bach abbiegen. Durch Buchholz hindurchfahren, bis zu einer Kreuzung an einem kleinen Friedhof. Rechts geht es nach Herschwiesen, links nach Oppenhausen. Wir biegen links ab und sehen linker Hand die Niederkirchspiel-halle mit Sportplatz. An der Halle parken.

Das Ehrbachtal gehört zu den engen, nicht von Straßen erschlossenen Bachtälern, wie sie für den zur Mosel abfallenden nördlichen Hunsrück-rand typisch sind. Auf 17 km Länge überwindet der Ehrbach ein Gefälle von 425 m und hat sich somit tief in den unterdevonischen Tonschie-fer des Vorderhunsrücks hineinge-schnitten. Auf unserer Rundwande-

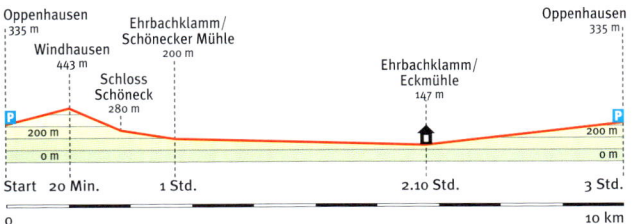

Oppenhausen
335 m

Windhausen
443 m

Ehrbachklamm/
Schönecker Mühle
200 m

Schloss
Schöneck
280 m

Ehrbachklamm/
Eckmühle
147 m

Oppenhausen
335 m

200 m

0 m

Start 20 Min. 1 Std. 2.10 Std. 3 Std.

0 · · · · · · · · · · · · · · · 10 km

rung lernen wir den dramatischsten Teil des Tals, die Ehrbachklamm, kennen.

Wir beginnen unsere Wanderung im Dörfchen **Oppenhausen,** das offiziell als Stadtteil des unten im Rheintal gelegenen Boppard gilt. Die ersten Schritte führen uns in Richtung Dorfmitte. Kurz vor einer Telefonzelle biegt links ein Weg in spitzem Winkel ab. Am Stromverteilermasten (und Altglascontainern) vorbei gelangen wir auf einen unbefestigten Feldweg, der uns an der Rückseite der Niederkirchspielhalle entlangführt. Am Sportplatz vorbei halten wir uns weiter geradeaus, bis wir zwischen Feldern und Streuobstbäumen den schiefergedeckten Kirchturm von **Windhausen** erkennen. Dicht drängt sich ein Dutzend Häuser um die Wallfahrtskapelle aus dem 18. Jh. (20 Min.).

Wir gehen geradeaus an der Kirche vorbei in die Schönecker Straße, der wir nun folgen. Bevor sich das Sträßchen in den Wald hinabsenkt,

liegt rechter Hand eine Schutzhütte. Sollten auf der Weide rotbraune, zottelige Tiere mit zwei großen, spitzen Hörnern grasen – keine Angst. Es handelt sich hierbei um recht harmlose ›Highland Cattles‹, schottische Hochlandrinder, die sich hier im Hunsrück offenbar sehr wohl fühlen.

Das Sträßchen führt uns hinunter zum **Schloss Schöneck** (45 Min.). Durch einen Torbogen können wir den Hof betreten. Das Schloss befindet sich in Privatbesitz und wird auch noch bewohnt. Zugänglich ist der Burgweg, der uns zu einer Terrasse bringt, von der das Ehrbachtal zu überblicken ist.

Einstmals war Schöneck eine stolze Burg (1222 erstmals erwähnt), die auf einem Felssporn das Ehrbachtal sicherte. Aus dem Dreißigjährigen Krieg ist eine Legende überliefert: Als die Schweden die Burg einnehmen wollten, rief der Kommandant drohend: »Schöneck, du Butterweck, morgen hol ich mir dich zum Frühstück.« Doch es kam anders. Beim Sturm auf die Burg holten sich die Schweden blutige Köpfe. Der Kommandant musste zugeben: »Schöneck, du harter Stein, wir kehren mit Schimpf und Schande heim.«

Die Burganlage verfiel dann von selbst, bis im Jahre 1805 ein Koblenzer Hochgerichtsschöffe das Anwesen erwarb und ein klassizistisches Wohnhaus bauen ließ. So verwandelte sich die Burg in ein Schloss. 1910 kaufte der Maler Wilhelm Steinhausen das Anwesen und ließ sich von der Natur rund um die Ehrbachklamm zu zahlreichen Werken inspirieren. Noch heute besitzt die Familie Steinhausen das Schloss.

Wir gehen durch das Tor zurück zur Straße. Unterhalb des Schlosses gehen nach rechts zwei Wege ab, markiert mit dem Hinweis »Klamm«. Wir gehen im spitzen Winkel zur Rückseite des Schloßberges und finden bald einen weiteren Wegweiser, der uns immer weiter hinunter zur Talsohle führt. Über dieses Seitental erreichen wir schließlich den Talgrund des **Ehrbachs,** in den wir bachabwärts nach rechts einbiegen. Jetzt brauchen wir nur noch dem Zeichen E zu folgen. Nach wenigen Schritten erreichen wir die **Schöneckermühle,** die heute als Gasthaus (allerdings nur unregelmäßig geöffnet) dient (1 Std.). Wie an einer Perlenkette entlang des Baches aufgereiht, nutzten früher ein ganzes Dutzend Mühlen die Kraft des herunterstürzenden Wassers. Einen knappen Kilometer weiter unterhalb liegt die **Daubisbergermühle** (1.15 Std.). Hier ist noch – eine Seltenheit – das voll funktionsfähige oberschlächtige Wasserrad zu sehen. Auch diese Mühle dient nicht mehr dem Mahlen von Getreide, sondern der gastlichen Einkehr.

Nach einem weiteren Kilometer gelangen wir zur **Rauschenmühle** (1.30 Std.). Wir bemerken, wie die Felswände immer näher zusammentreten, der Pfad immer enger wird. Hier beginnt die eigentliche **Ehrbachklamm.** An mehreren Stellen musste die schmale Spur in den Felsen geschlagen werden, mit großem Aufwand hat das Technische Hilfswerk Stege angelegt. Die Klamm führt unterhalb der Rauschenburg vorbei, die wir von unten aber kaum erkennen können.

Ein kurzer **Abstecher** an der Einmündung des Mermuther Baches (der Pfad durch die Felsblöcke ist nicht leicht zu finden) führt uns hinauf zur **Ruine Rauschenburg** (1.50 Std.). Im Jahre 1332 wurde sie vom Trierer Kurfürsten Balduin (siehe hierzu auch Wanderung 4) erbaut, um in der ›Eltzer Fehde‹ die unbotmäßigen Ritter von Ehrenburg, Waldeck und Schönberg zu unterwerfen. Kurz darauf begann schon ihr Verfall. Ihr bemerkenswerter fünfeckiger Grundriss ist im wuchernden Gestrüpp nur noch schwer auszumachen.

Wieder unten in der Ehrbachklamm folgen wir dem Bach abwärts. Unser Zeichen E wird ab jetzt begleitet vom M des Moselhöhenweges, der von Mermuth herunterkommt. Schließlich erreichen wir an der Einmündung des Kennelbachs eine alte Steinbrücke, die das Ende der Klamm markiert. Wir gehen noch etwa hundert Meter weiter und stehen vor der **Eckmühle,** die heute ebenfalls eine Gaststätte beherbergt (2.10 Std.). Noch weiter unten im Tal liegt die Ehrenburg aus der Mitte des 12. Jh., die noch heute der Idealvorstellung einer mittelalterlichen ›Ritterburg‹ nahe kommt.

Von der Eckmühle gehen wir bis zur Steinbrücke zurück und dann links hinauf, dem M folgend, in Richtung Oppenhausen. Steil bergauf wandern wir durch den Wald, bis der Weg die Felder und Wiesen der Hochfläche erreicht. An einer Weggabelung biegt der M-Weg nach links ab, wir folgen geradeaus dem Wegweiser ›Oberdorf‹ und sehen auch schon bald die Häuser von **Oppenhausen.** Wir gelangen an ein Sträßchen, in das wir links einbiegen. Im Ort stoßen wir auf die Mittelstraße, der wir nach rechts folgen. Mit wenigen Schritten erreichen wir die Niederkirchspielhalle und damit unseren Ausgangspunkt (3 Std.).

Pfarrkirche St. Pankratius in Herschwiesen

Gegenüber von Oppenhausen liegt das Dorf mit seiner reich im Barockstil ausgestatteten Kirche aus den Jahren 1744 bis 1746. Sie gilt als ›Dom des Vorderhunsrück‹. In der Stuckverzierung über dem Chor finden wir die Initialen ›MM‹. Das ist keineswegs Werbung für eine Sektmarke, sondern die Abkürzung für Pfarrer Matthias Metzen, der die Kirche bauen ließ.

Die Ehrbachklamm

Tour 2

Ein Müller als Kapellenstifter

Über die Baunhöllermühle zum Schönecker Brunnen

Diese Wanderung führt uns in eines der einsamen Vorderhunsrück-täler. Erstes Ziel ist eine ehemalige Mühle am Liesenfelder Bach, die heute als Bauernhof und Gasthaus genutzt wird. Über das Dorf Ney und durch das Tal des Ehrbachs geht es weiter zu einem heilkräfti-gen Brunnen.

DIE WANDERUNG IN KÜRZE	
++ Anspruch	**Charakter:** Die Wanderung erfordert die Überwindung einiger recht steiler Anstiege.
3.30 Std. Gehzeit	**Wanderkarten:** WK 1:25 000 Region Emmelshausen, TK 1:50 000 Der Rhein von Bingen nach Koblenz
15 km Länge	**Einkehrmöglichkeiten:** Gasthäuser Baunhöller-mühle, in Ney und Hierenmühle
	Anfahrt: Mit dem Auto über die Hunsrückhöhen-straße B 327 nach Emmelshausen fahren. In der Ortsmitte in Richtung Brodenbach abbiegen. Hinter Liesenfeld liegt rechts an der Straße der Wanderparkplatz Scheid. Dort parken.

Das Tal des Liesenfelder Baches birgt gleich zwei ganz unterschiedliche Kleinode, die noch kaum bekannt sind, aber eine Entdeckungstour durchaus lohnen: die Fachwerk-Idylle der abgeschiedenen Baun-höllermühle und das sprudelnde Plätschern einer Heilquelle. Und dazwischen bietet sich eine klein-räumige, beschauliche bäuerliche Kulturlandschaft dar, wie man sie sonst selten findet.

Am **Wanderparkplatz Scheid** ge-hen wir nach links hinunter in Rich-tung Baunhöllermühle. Unser Zei-chen für das erste Stück unserer Wanderung ist die 7. Durch den Wald führt der befestigte Weg im-mer weiter hinunter ins Tal des Lie-senfelder Bachs, der oben bei Em-melshausen entspringt und unweit der Schöneckermühle ins Ehrbach-tal mündet (siehe Wanderung 1). Plötzlich sind in einer Kurve Dächer

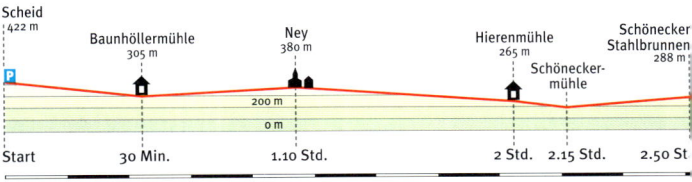

Scheid 422 m — Baunhöllermühle 305 m — Ney 380 m — Hierenmühle 265 m — Schönecker-mühle — Schönecker Stahlbrunnen 288 m

200 m

0 m

Start — 30 Min. — 1.10 Std. — 2 Std. — 2.15 Std. — 2.50 St

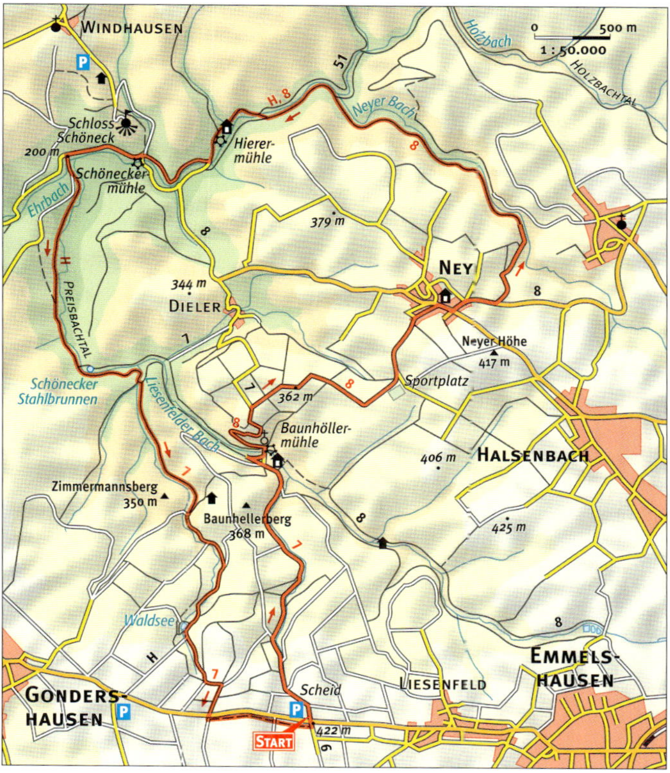

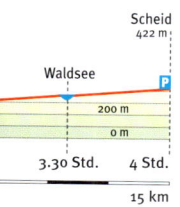

zu erkennen, dann Fachwerkgemäuer inmitten einer weiten Wiese. Wir bleiben auf dem befestigten Weg (in der Kurve zweigt ein Weg zum Schönecker Stahlbrunnen ab, den wir aber nicht beachten). Noch einige Schritte und wir stehen im Hof der **Baunhöllermühle** (30 Min.).

Die Ursprünge der heutigen Gebäude lassen sich bis ins Jahr 1780 zurückverfolgen. Bei Arbeiten im Gelände hat der heutige Besitzer Alfons Link jedoch Mauerreste gefunden, die wohl bis ins 12. Jahrhundert zu datieren sind. Der Mühlenbetrieb wurde 1957 aufgegeben. Mit der Landwirtschaft und ›Urlaub auf dem Bauernhof‹ verdienen sich die Bewohner den Lebensunterhalt – und nicht zuletzt mit einer rustikalen Gaststätte.

Im letzten Jahrhundert muss die Getreidemühle am Liesenfelder Bach hervorragend gelaufen sein. Neben den Fachwerkhäusern findet sich

Blick auf die Baunhöllermühle

nämlich eine kleine Kapelle, die der damalige Müller Joseph Pinger zum Dank für die guten Geschäfte gestiftet hat. Mit einer Inschrift wird der fleißige Müller geehrt: »Er war ein Biedermann und lebte seiner Pflicht. Wer diesen Ruhm gewann, stirbt auch im Tode nicht.« Viele Votivtäfelchen belegen, dass sich die kleine Kapelle zum Wallfahrtsort entwickelt hat.

An der Kapelle links hinauf führt unser weiterer Weg. Bald verlassen wir den dichten Wald und vor uns liegen wellige Felder, ab und zu unterbrochen von ein paar Streuobstbäumen. An einer großen Scheune halten wir uns rechts, um dann am Schilderbaum geradeaus über den Wirtschaftsweg in Richtung Ney zu gehen. Gegenüber auf der anderen Seite der Mulde sehen wir ein helles, herrschaftliches Gebäude: das Schloss Schöneck (siehe Wanderung 1). Am Sportplatz vorbei immer leicht bergauf mit weiten Blicken über die Höhen des Vorderhunsrücks erreichen wir bald das Dorf **Ney** (1.10 Std.).

Wir biegen rechts in die Hauptstraße ein, die wir nach rund 200 m wieder in Richtung Kratzenburg verlassen. Etwa 150 m hinter dem Ortsausgangsschild führt links ein Wirtschaftsweg in Richtung Ehrbachtal hinunter, dem wir folgen. An der Kläranlage vorbei geht es immer weiter hinunter (Zeichen 8), bis wir die Talsohle mit dem Ehrbach erreichen. Hier halten wir uns links und folgen dem Zeichen H des Hunsrückvereins bis zur **Hierenmühle** (2 Std.), einem einladenden Gasthof mit eigenen Fischteichen.

Von der Hierenmühle geht es die ersten Schritte über den Zufahrtsweg. Vor der kleinen Brücke folgen wir der Markierung H und biegen rechts in den Waldweg ein. Der Weg folgt dem Ehrbach abwärts, vorbei an den Fischteichen der Hierenmühle. Bald ist das Fachwerkensemble der **Schöneckermühle** erreicht (2.15 Std.). Leider ist die hiesige Gaststätte schon lange geschlossen. Wir folgen weiter dem H und dem Wegweiser zur Daubisbergermühle. Die Talauen des Ehrbaches weiten sich noch einmal ein wenig. Bald gelangen wir an einen hölzernen Steg, auf dem wir den Ehrbach überqueren und – dem H folgend – den Talboden wieder verlassen.

Wir gehen das einsame Preisbachtal (so wird das Tal des Liesenfelder Baches in seinem unteren Abschnitt genannt) aufwärts, bis wir plötzlich vor dem **Schönecker Stahlbrunnen** stehen (2.50 Std.).

Benannt ist die Quelle zum einen nach Schloss Schöneck, zum andern nach dem eisenhaltigen, sauren Wasser. Seit uralten Zeiten ist die heilkräftige Wirkung der Eisenkarbonatquelle bekannt, besonders bei ›Bleichsucht, Blutarmut und Frauenkrankheiten‹. In den zwanziger Jahren wurde das Heilwasser sogar in Flaschen abgefüllt und über die Bahnstation Halsenbach in ganz Deutschland versandt. Heute wird das Wasser ständig vom Gesundheitsamt überwacht, kann also ohne

Bedenken getrunken werden. Für Mann und Frau ist das perlende Nass gleichermaßen erfrischend.

Neben der bekannten 7 finden wir jetzt auch das H des Hunsrückvereins. Bald verlässt der Weg über ein Seitental den Liesenfelder Bach und jetzt geht es weiter bergauf am Zimmermannsberg vorbei auf die Höhe zwischen Gondershausen und Liesenfeld. Am kleinen, beschaulichen **Waldsee** können wir uns noch einmal eine kurze Rast gönnen (3.30 Std.).

An einer Weggabelung geht der H-Weg nach rechts ab, wir halten uns links, bis wir am Waldrand entlang die Landstraße von Emmelshausen nach Brodenbach erreichen. Wir überqueren die Straße und gehen auf der anderen Seite den Fußgängerweg nach links weiter. Nach etwa 500 m haben wir wieder unseren Ausgangspunkt, den **Wanderparkplatz Scheid**, auf der anderen Straßenseite erreicht (4 Std.).

Die kleine Kapelle an der Baunhöllermühle

Tour 3

Ins jugendbewegte Baybachtal

Von Dorweiler über die Schmausenmühle zur Burg Waldeck

Das Baybachtal ist tief in den Hunsrückschiefer eingeschnitten und hat streckenweise einen klammartigen, fast alpinen Charakter. Es gilt bis heute als eines der einsamsten Hunsrücktäler. Hoch oben über den Felsabstürzen thronen die Ruinen der Burg Waldeck.

DIE WANDERUNG IN KÜRZE

++
Anspruch

Charakter: Mittelschwere Wanderung mit steilen Abschnitten und kurzen, seilgesicherten Kletterpartien. Festes Schuhwerk erforderlich.

2.30 Std.
Gehzeit

Wanderkarten: WK 1:25 000 Region Emmelshausen, TK 1:50 000 Die Mosel von Bernkastel-Kues bis Koblenz

9 km
Länge

Einkehrmöglichkeiten: Gaststätte in Steffenshof, Schmausenmühle, Erfrischungen im Säulenhaus der Burg Waldeck

Anfahrt: Über die Hunsrückhöhenstraße B 327 von Kastellaun in Richtung Koblenz. Kurz hinter Kastellaun abbiegen nach Roth/Burgen. Durch Roth und Beltheim nach Dorweiler. Am Ortseingang rechts in den Waldecker Weg einbiegen und parken.

Vom Parkplatz aus gehen wir den **Waldecker Weg** weiter, bis wir auf den Wegweiser zum Steffenshof und die Markierungen 6 und 8 stoßen. Diesem Wegweiser folgen wir auf dem ersten Abschnitt unserer Wanderung und genießen den freien Blick über die Hochfläche bis hinüber zur Eifel. Das vor uns liegende, steil eingeschnittene Baybachtal, in das wir hinunter wollen, lässt sich von hier aus kaum erken-

nen. Die Schlucht ist so schmal, dass das Auge die sanften Landschaftswellen hüben und drüben wie eine geschlossene Fläche wahrnimmt. Erst unmittelbar am Abgrund werden wir sehen, wie tief es hinuntergeht zum Baybach.

Nach einem kurzen Abschnitt durch Wald erreichen wir die Fachwerkhäuser des **Steffenshofes,** einem kleinen Weiler fernab der Straßen (20 Min.). Am Ende der

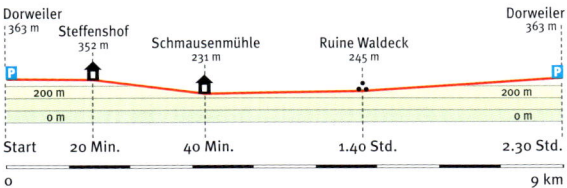

Dorweiler 363 m — Steffenshof 352 m — Schmausenmühle 231 m — Ruine Waldeck 245 m — Dorweiler 363 m

200 m · 0 m

Start · 20 Min. · 40 Min. · 1.40 Std. · 2.30 Std.

0 · 9 km

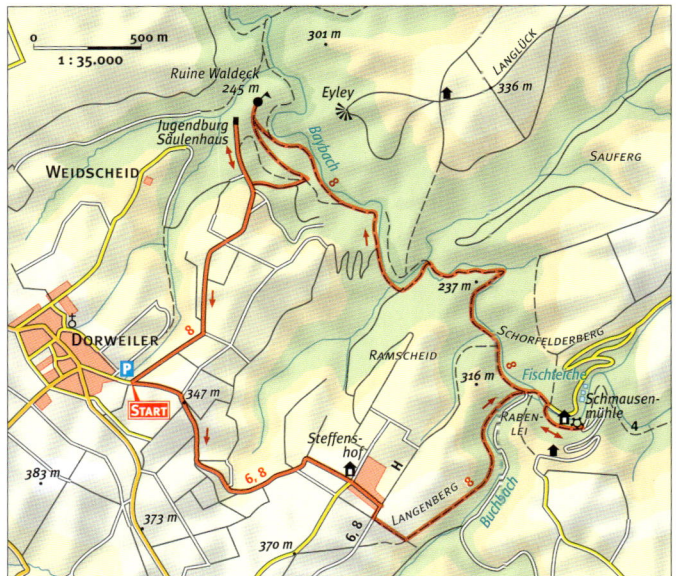

Siedlung folgen wir noch der Markierung 6/8 nach rechts. Schon nach 100 m stoßen wir auf die Markierung 7. Wir biegen mit der Markierung nach links ab, hinunter in den Wald.

Wir befinden uns jetzt am Einstieg zum Baybachtal. Steil geht es hinunter, bis wir unten den Weg im Talgrund des Buchbachs erreichen, der bald in den Baybach mündet. Dort erreichen auch wir die Talsohle des **Baybachtals** und halten uns zunächst rechts. Von links und rechts rücken die Felswände zusammen und lassen nur einen schmalen Durchschlupf für Weg und Wasser: das Felsentor der **Rabenley.**

Etwas weiter oberhalb sehen wir bereits das Fachwerk der **Schmausenmühle** (40 Min.). Die heißt nicht deshalb so, weil man hier gut essen kann, sondern weil ein Müller namens Schmaus hier im 15. Jahrhundert seinem Handwerk nachgegangen ist. Bis in die zwanziger Jahre unseres Jahrhunderts wurde in der Schmausenmühle noch Getreide gemahlen. Mit einem gut eingepassten Neubau wurde das heutige Restaurant zu einem beliebten Ausflugsziel im Vorderen Hunsrück, das über Gondershausen auch mit dem Auto erreichbar ist.

Nach einer gehörigen Rast gehen wir talabwärts wieder zurück zur Rabenley. Unsere Zeichen sind jetzt das B (für Baybachtal) und die 8/Burg Waldeck. Bis in die fünfziger Jahre wurde im Tal noch Schieferabbau betrieben. Immer wieder stoßen wir am linker Ufer auf Stolleneingänge und Höhlen, die mit Gittern verschlossen sind und in denen heute Fledermäuse hausen.

Mal verläuft der Weg unmittelbar am Bachufer, mal windet er sich hoch über der Klamm. Einige Stellen verlangen sogar Kletterfertigkeiten. Zum Glück können wir uns an den angebrachten Seilen sichern, doch besonders an feuchten Tagen ist hier Vorsicht angebracht. Bald sehen wir über uns an der Kante des Abbruchs unser nächstes Ziel, die Ruinen der Burg Waldeck. Noch einige Meter, dann trennen sich hoch über dem Baybach die Wege. Wir folgen dem Zeichen 8 am Hang hinauf und stehen bald vor den Toren von **Burg Waldeck** (1.40 Std.).

Bei einem Rundgang über das weitläufige Burggelände, vorbei am runden Wehrturm, stehen wir plötzlich auf der Krone der hohen Bastionsmauern. Mitten auf dem Burghof ist ein tiefer Brunnen erhalten geblieben. Die Ruinen zeugen vom stattlichen mittelalterlichen Sitz des Rittergeschlechts Boos von Waldeck. 1689 wurde die Burg während des Pfälzischen Erbfolgekrieges von französischen Truppen zerstört. Im Jahre 1720 wurde noch einmal ein kleines Barockschloss als Sommersitz des Freiherren Wilhelm Lothar Boos von Waldeck aufgebaut, das aber nach der erneuten Besetzung des linksrheinischen Gebietes durch Frankreich wieder dem Verfall preisgegeben war. Seither diente die Burg den umliegenden Dörfern als Steinbruch.

Von hier lässt sich ein großer Teil des Baybachtals überblicken. Ganz nah rücken die bewaldeten Steilhänge zusammen, um in sanften Windungen den Bach auf seinem Weg hinunter zur Mosel zu begleiten.

Nach dem Rundgang zurück am Eingang zur Burgruine halten wir uns jetzt auf dem oberen Weg und folgen weiter der Markierung 8 und dem Wegweiser Dorweiler/Oberburg. Nach einem kurzen Steilstück durch dichten Buchenwald erreichen wir wieder die Hochfläche und erkennen rechter Hand das **Säulenhaus** der Arbeitsgemeinschaft Burg Waldeck. Die weite Wiese war Schauplatz berühmter Chanson- und Folklorefestivals in den sechziger Jahren. Hinter dem Säulenhaus liegt etwas unterhalb die der Öffentlichkeit nicht zugängliche, als Sitz des Nerother Wandervogels erbaute **Jugendburg** mit dem Ehrenhain der deutschen Jugendbewegung.

Nach einer Besichtigung von Säulenhaus und Jugendburg gehen wir zurück zum Eingang des Festivalgeländes und folgen jetzt dem Feldweg in Richtung Dorweiler, markiert mit dem uns bereits vertrauten 8. Bald erreichen wir **Dorweiler** und damit den Ausgangspunkt unserer Wanderung (2.30 Std.).

*Die Ruine
der Burg Waldeck*

Auf Balduins Spuren

Von Kastellaun zur Burgruine Balduinseck

Diese Wanderung auf dem ›Balduinspfad‹ bringt uns eine der schillerndsten Persönlichkeiten des Mittelalters näher: Balduin von Luxemburg, Erzbischof und Kurfürst von Trier. Zwischen den Dörfern Buch und Bell erstreckt sich eine bäuerliche Bilderbuchlandschaft.

DIE WANDERUNG IN KÜRZE

+
Anspruch

Charakter: Lange Wanderung, aber ohne große Probleme zu bewältigen

3.30 Std.
Gehzeit

Wanderkarten: WK 1:25 000 Ferien- und Erholungslandschaft Kastellaun, TK 1:50 000 Die Mosel von Bernkastel-Kues bis Koblenz.

14 km
Länge

Einkehrmöglichkeiten: Gaststätten in Buch und Kastellaun

Anfahrt: Mit dem Auto: Kastellaun liegt direkt an der Hunsrückhöhenstraße B 327. Parken im alten Ortskern in der Nähe von Rathaus und Burg. **Mit öffentlichen Verkehrsmitteln** ist Kastellaun von Koblenz über Emmelshausen mit den Bussen der Rhein-Mosel-Verkehrsgesellschaft erreichbar.

Gekrönt wird der alte Marktflecken **Kastellaun** von der Burg des Grafen von Sponheim, deren Ruinen in den letzten Jahren mit großem Aufwand freigelegt und restauriert wurden. Wir gehen unterhalb der Burg am **Rathaus** vorbei den **Burgberg** hinunter und stoßen unten auf die **Bucher Straße,** auf der wir uns rechts halten und nach wenigen Metern wieder links abbiegen, dem Wegweiser nach Buch folgend. Vorbei am Kindergarten treffen wir auf einen Schilderbaum. Wir verlassen die Straße nach rechts und folgen ab jetzt unserem Wanderzeichen, dem Kreis mit dem Kreuz ( ).

Am Friedhof vorbei etwas aufwärts gewinnen wir bald freien Blick über das Hochplateau des Vorderhunsrücks. Weiden und Felder wechseln sich ab mit einem Gehölzstreifen. In der Ferne sind bei klarem Wetter die Vulkankegel der Eifel zu erkennen. Nicht allzu weit entfernt dreht sich auf einer Kuppe ein Windrad. Diese Windkraftanlage bei Beltheim ist mit einer Leistung von 600 Kilowatt, einer Nabenhöhe von 53 m und einem Rotordurchmesser von 42 m eine der größten in Europa. Bald soll sie Gesellschaft von einem zweiten Windrad bekommen.

Wir erreichen ein kleines Wäldchen, genannt **Bornig**, in das wir geradeaus hineingehen, immer unserem Zeichen und dem Wegweiser nach Buch folgend. An der nächsten Weggabelung halten wir uns links am **Kaiserweiher** vorbei und gelangen bald wieder in die freie Feldflur.

27

Vor uns sehen wir die Häuser von **Buch,** unserem nächsten Ziel, das wir bald erreichen (1.10 Std.).

An einer kleinen Kapelle sehen wir gegenüber den Dorfteich, der früher der Feuerwehr als Löschwasserweiher gedient hat und heute ein sorgsam gehegtes Biotop ist. Wir halten uns rechts und gehen die Hauptstraße des Dorfes hinunter, vorbei an der neuromanischen Kirche, erbaut um die Jahrhundertwende. Besonders stolz sind die knapp 900 Einwohner auf ihre **tausendjährige Eiche,** die wir am unteren Ortsende erreichen. Der Stammumfang des Baumriesen beträgt sechseinhalb Meter, die Krone, zu der sich der Stamm mit mächtigen Ästen verzweigt, erreicht einen Umfang von 88 m. Selbst eine Bombe, die während des letzten Krieges in der Nähe explodierte, hat der Eiche nichts anhaben können, nur einige Splitter stecken noch im Stamm.

Wir gehen weiter entlang der Straße hinunter nach Mastershausen. Bald biegt der Balduinspfad nach links in einen Feldweg ab, dem wir hinunter ins Wohnrother Tal folgen. Unten stehen wir plötzlich vor den hohen Mauern der **Ruine Balduinseck** (1.45 Std.). Im Gegensatz zur Burg Sponheim in Kastellaun und zur Burg Waldeck über dem Baybachtal fiel Balduinseck nicht Kriegswirren zum Opfer, sondern nur dem Zahn der Zeit. Die zwischen 1325 und 1330 scheinbar für die Ewigkeit erbaute Burg fiel im 17. Jh. einfach in sich zusammen. Bauherr war der Trierer Erzbischof und Kurfürst Balduin, der sein Territorium mit dieser Grenzfeste gegen die Sponheimer in Kastellaun absichern wollte.

Die hoch aufragenden Mauern des viergeschossigen Baus mit den vier Ecktürmen sind noch weitgehend erhalten. Die Zwischendecken sind allerdings restlos heruntergestürzt. In den Wänden lassen sich Kamine und Wendeltreppen noch gut erkennen. Zu ihrer Zeit galt Burg Balduinseck durchaus als wohnlich

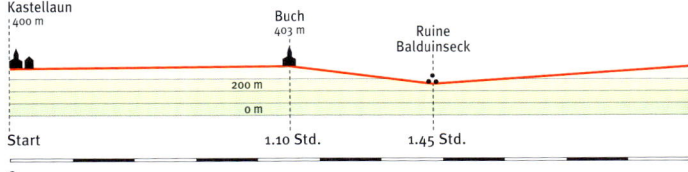

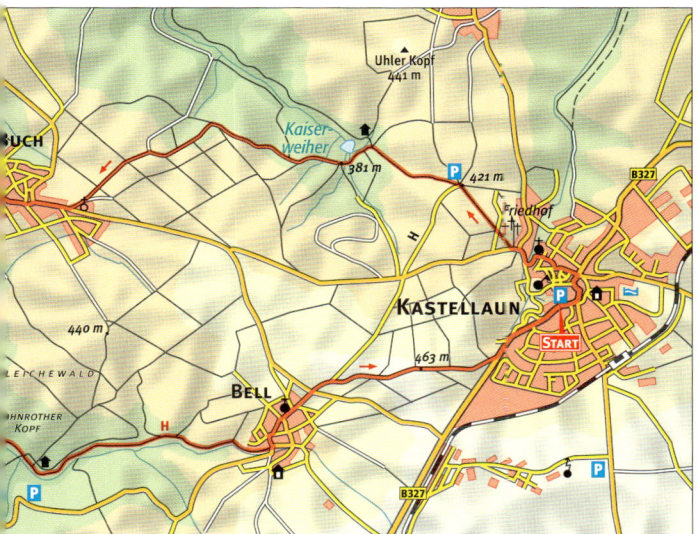

und gemütlich, ohne allerdings Abstriche an der Wehrhaftigkeit zuzulassen.

Wir folgen weiter unserem Wanderzeichen nach links und genießen während der nächsten Zeit die Stille und Abgeschiedenheit des **Wohnrother Tals.** Aufwärts geht es jetzt am Wohnrother Bach entlang. Zunächst kommen wir an der **LIndenmühle,** dann an der **Schweitzermühle** vorbei. Früher haben die Bauern der auf den umliegenden Höhen gelegenen Dörfer in mühsamer und gefährlicher Arbeit mit Kuhfuhrwerken ihr Getreide zum Mahlen hierhergebracht. Heute dienen die alten

Mühlen nurmehr als Wochenendhäuser. Die Gemarkungen tragen Namen wie ›Fuchslöcher‹ und ›Katzenloch‹, was wohl bedeuten soll, dass sich hier Fuchs und Wildkatze ›Gute Nacht‹ sagen.

Das Dorf **Wohnroth** lassen wir oberhalb des anderen Bachufers liegen und erreichen am Ende des Tals **Bell** (3 Std.), eines der ältesten Kirchdörfer des Hunsrücks, dessen Namen noch gallo-römische Wurzeln anklingen lässt.

In den achtziger Jahren des letzten Jahrhunderts wurde Bell zu einem Zentrum der deutschen Friedensbewegung, denn in der amerikanischen Raketenstation zwischen Bell und Hasselbach wurden Cruise Missiles stationiert, nach einem Abkommen zwischen den USA und der damaligen Sowjetunion aber wieder abgezogen. Heute kann man sich kaum noch vorstellen, dass unter den Bäumen des Beller Marktes, auf dem seit Jahrhunderten Viehmärkte

Kastellaun
400 m
ell
50 m

200 m

0 m

td.   3.30 Std.

14 km

Tour 4

Blick auf den Burgberg und die Kirchtürme von Kastellaun

und Volksfeste abgehalten werden, im Oktober 1986 eine Viertelmillion Menschen gegen die Atomrüstung demonstrierten. Nur noch drei Kreuze des damaligen ›Friedensackers‹ an der Hunsrückhöhenstraße und die leer stehenden Bunkeranlagen der Raketenstation erinnern an diese Zeit.

Wir folgen durch Bell hindurch unserem Zeichen, vorbei an der evangelischen Kirche mit dem wuchtigen Turm, und gehen die Straße hinauf, bis wir am Dorfende die Landstraße erreichen. Wir halten uns rechts, bis nach ein paar Schritten auf der gegenüberliegenden Seite ein Feldweg nach links abbiegt, der mit unserem Zeichen markiert ist. Von den Feldern oberhalb Bells bietet sich ein weiter Rundblick, so dass wir versuchen können, in Gedanken unseren Weg nachzuverfolgen. Vor uns sehen wir den charakteristischen Burgberg von **Kastellaun,** den wir nach wenigen Schritten erreichen. Somit sind wir wieder an unserem Ausgangspunkt angelangt (3.30 Std.)

In den Fußstapfen von Ausonius

Von Liederbach über die Römerstraße nach Dill und durch das Sohrbachtal

Auf dieser Wanderung können wir nachempfinden, wie vor 1600 Jahren die Römer durch ihre Provinzen gereist sind. Der erste Abschnitt des Weges führt über die Römerstraße in das Dörfchen Dill, über dessen Fachwerkhäusern die Burgruine thront. Zurück geht's durch das stille Tal des Sohrbachs.

DIE WANDERUNG IN KÜRZE

+
Anspruch

2.15 Std.
Gehzeit

9 km
Länge

Charakter: Leichte Wanderung, ohne große Steigungen

Wanderkarten: WK 1:25 000 Verbandsgemeinde Kirchberg, TK 1:50 000 Der Soonwald

Einkehrmöglichkeiten: Keine

Anfahrt: Mit dem Auto über die Bundesstraße 50. Zwischen Kirchberg und Sohren an der Ausfahrt Dillendorf/Oberkostenz abfahren und in den Ortsteil Liederbach hineinfahren. Am Rande der Mozartstraße sind Wanderparkplätze ausgeschildert.

»Waldeinsamkeit umfing mich, verödet sind die Fluren
Und nirgends, nah und fern, von Menschenwerk die Spuren.
Vorbei ging's an Dumnissus, verdörrt vom Brand der Sonnen,
Vorbei an Tabernae mit seinem kühlen Brunnen.
Vorbei auch an der Siedlung, die jüngst man zugemessen

Sarmatischen Völkern, die hier angesessen.«

Im Jahre 368 reiste Decimus Magnus Ausonius von Mainz über den Hunsrück nach Trier. Der Dichter und Historiker sollte an der Kaiserresidenz *Colonia Augusta Treverorum* den Prinzen und späteren Kaiser Gratian erziehen. Sein Gedicht *Mosella* ist der erste überlie-

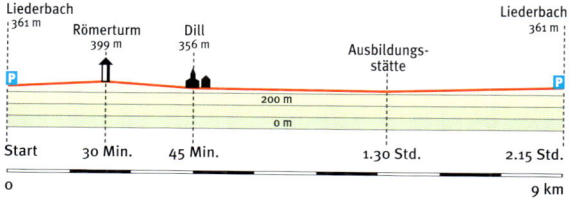

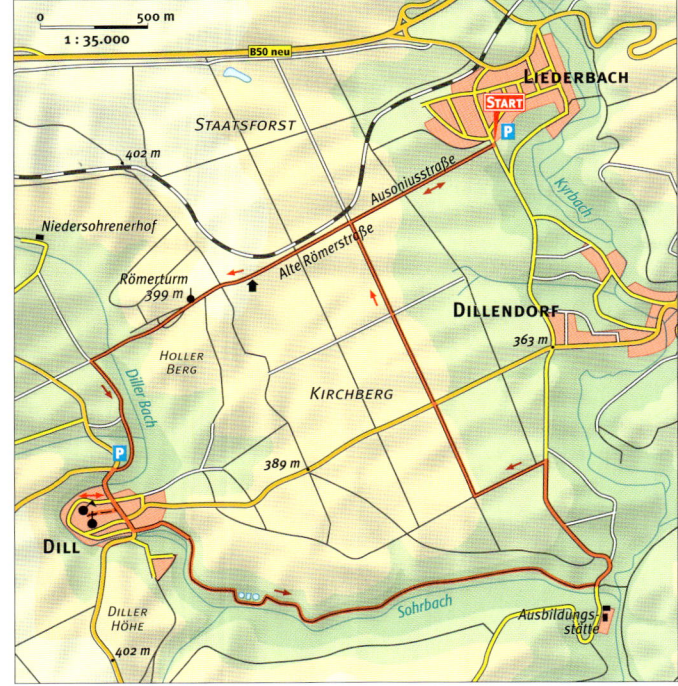

ferte Reisebericht aus dem Hunsrück, wenngleich dieser nicht allzu
schmeichelhaft ausfällt. *Dumnissus* besteht heute noch. Es ist der
Kirchberger Stadtteil Denzen. Mit
Tabernae ist ein Gasthaus am Straßenrand gemeint. Die Sarmaten
waren Angehörige eines Volks-
stamms aus dem Donau-Raum, die
sich zwischen Sohren und Sohrschied ansiedeln durften. Die La-
teiner nannten die Sarmaten *Sau-
romati* – und daher dürfte sich der
heutige Wortstamm Sohr- ableiten.
Über die ›sarmatischen Felder‹,
zum Teil allerdings heute aufge-
forstet, führt auch unser Weg. Die
damalige Römerstraße, heute Ausoniusweg genannt, hat sich bis
heute im Landschaftsbild über

weite Strecken gut sichtbar erhalten.

Ausgangspunkt unserer Wande-
rung ist **Liederbach,** heute ein Ortsteil von Dillendorf. Wir gehen die
Mozartstraße aufwärts und wenden
uns an der Straße in Richtung Dillendorf nach links. Hinter den letzten
Häusern biegt rechts ein Waldweg
ab, an dem wir eine Informationstafel über den Ausoniusweg finden.
Jetzt befinden wir uns genau auf der
Trasse der alten Römerstraße von
Bingen nach Trier. Sie ist mit einem
R und einem Römerkopf markiert.
Leicht bergauf geht es vorbei an
einigen Hügelgräbern, bis wir auf
die Schienen der Hunsrückbahn
stoßen, einen Verkehrsweg aus der
ersten Hälfte des 20. Jh., der inzwi-

schen – genauso wie die Römerstraße – nur noch geschichtliche Bedeutung hat.

Bald verlassen wir den Wald, und beim freien Blick über die wellige Flur bekommen wir einen Eindruck davon, was Ausonius mit den ›sarmatischen Feldern‹ gemeint hat. Und ganz plötzlich fühlen wir uns vollends in die Römerzeit zurückversetzt: Da steht doch tatsächlich ein **römischer Wachturm,** wie er zu einer Straßenstation zu Ausonius Zeiten gehört hat (30 Min.). Nach Beispielen der Limes-Befestigung wurde der Turm in den achtziger Jahren rekonstruiert. Der beste Überblick über die Trasse der Römerstraße bietet sich, wenn man den Turm besteigt. Weiter geht es jetzt hinab in das Tal des Diller Bachs. Wir sollten aber darauf achten, dass wir nicht auf den Feldweg geraten, sondern auf der Römerstraße bleiben, die durch das Buschwerk führt. An einigen Stellen ist nämlich das Pflaster der römischen Straßenbauer aus Feldstei-

nen rekonstruiert. Über solche ›Katzenkopf‹-Steine sind die schnellen Fuhrwerke des römischen Militärs gerollt.

Wir überschreiten den Diller Bach und verlassen jetzt den Ausoniusweg nach links in Richtung Dill, dessen Burgruine auf dem Burgberg wir schon seit langem sehen. Möglicherweise haben schon die Römer diesen herausragenden Schieferklotz zur Überwachung der ganzen Umgebung genutzt. Jedenfalls wurden am Fuße des Felsens römische Münzen gefunden. Am Ufer des Diller Bachs entlang erreichen wir bald den Burgflecken **Dill** (45 Min.). Wir gehen weiter bis zur Dorfstraße, in die wir links einbiegen. Schon hier können wir zahlreiche schiefergedeckte Fachwerkhäuser bewundern. Besonders typisch sind die ovalen ›Trempelfenster‹ unter dem Dach. Sie entstanden, als man den Speicher zur Lagerung des Korns um eine halbe Etage aufstockte, eine Höhe, die für ›richtige‹ Fenster nicht ausreichte. Wir kommen an

Rekonstruierter römischer Wachturm bei Dill

einer mächtigen Felswand vorbei, hinter der wir rechts hinauf zur Burg gehen. Durch einen Torbogen hindurch erreichen wir die kleine evangelische Kirche und die Ruinen der **Burg Dill.**

Im Jahre 1107 wurde die von Graf Adalbert von Nellenburg-Mörsberg, genannt Adalbertus de Dille, erbaute Burg erstmals erwähnt. Adalbert war ein Vorfahre des wesentlich bekannteren Grafen von Sponheim. Dill galt im 12. Jh. neben Burg Sponheim als Stammsitz der Sponheimer. Der Trierer Kurfürst Balduin (siehe Wanderung 4) zerstörte die Burg. Was er übrig ließ, sprengten im Jahre 1697 die Franzosen in die Luft. Heute befindet sich die Burgruine in Privatbesitz und ist normalerweise wegen Einsturzgefahr nicht zugänglich. Direkt neben der Ruine liegt die **Kirche,** 1701 auf den Grundmauern der Burgkapelle erbaut. Der unscheinbare barocke Bau birgt wahre Kunstschätze: Die Holzdecken und Emporenbrüstungen sind mit Gemälden des Hunsrücker Kirchenmalers Johann Georg Engisch aus Kirn geschmückt. Das Deckengemälde zeigt die Verklärung Christi, während an der Empore Evangelisten und Gleichnisse dargestellt sind. Neben dem Eingang hängt eine Schiefertafel, die an den 1613 verstorbenen Bartholomäus Ziegelein erinnert. Grabmäler dieser Art gelten als äußerst selten. Der Altar ist aus Stein. Weihekreuze deuten darauf hin, dass er noch aus vorreformatorischer Zeit stammt. (Schlüssel für Kirche und Burgruine sind bei der Küsterin im alten Pfarrhaus unterhalb der Kirche erhältlich, ☎ 0 67 63/13 39.)

Reste der alten Römerstraße sind vereinzelt noch erkennbar

Von der Kirche gehen wir wieder hinunter durch den Torbogen zum Backesweg. Hier sollten wir uns noch einmal die besondere Anlage des Dorfes vor Augen halten. Der Diller Bach umrundet den Burgfelsen in einer weiten Schleife. Kreisförmig haben sich die Häuser und Höfe des Dorfes um die Burg geschart. Beim Weiterweg sollten wir darauf achten, dass es uns nicht ergeht wie einst dem *Waanschmerkremer,* von dem der Volksmund zu berichten weiß. Ein Wanderhändler, der Wagenschmiere in den Dörfern verkaufte, soll drei Tage lang immer im Kreis gegangen sein, bis er endlich den Ausgang fand.

Wir gehen rechts den **Backesweg** hinunter, bis wir wieder die Dorfstraße erreichen. Hier wenden

wir uns nach links. Kurz vor der Brücke über den Diller Bach biegt nach links ein Feldweg ab, der am Ufer des Bachs entlang führt. Ab hier heißt das Gewässer Sohrbach. Bald umfasst uns zu beiden Seiten Wald, bis wir jenseits der Auwiesen einen hohen, viereckigen Schornstein sehen. Dann stehen wir auch schon vor der ehemaligen Tierkörperbeseitigungsanstalt, die vom Verein für berufliches und soziales Lernen Hunsrück zur **Ausbildungsstätte Sohrschied** umgebaut wurde (1.30 Std.). Hinter den Gebäuden mündet der Sohrbach in den Kyrbach. Der wiederum fließt in den Hahnenbach, der eines der faszinierendsten Hunsrücktäler bildet (siehe hierzu auch Wanderungen 32 und 33).

An der Ausbildungsstätte wenden wir uns nach links und gehen einige Schritte über das wenig befahrene Sträßchen nach Dillendorf. Links der Straße stehen in regelmäßigen Abständen nummerierte Grenzsteine. Bis zur Nr. 109 haben wir uns hinaufzuarbeiten. Dann biegt links ein Forstweg ab, dem wir folgen. An der nächsten Wegkreuzung biegen wir nach rechts ab. Leicht ansteigend führt dieser Weg geradeaus durch den Kirchberger Staatsforst. Wir müssen noch die Straße von Dillendorf nach Dill überqueren, dann erreichen wir nach etwa einem Kilometer die uns bereits vertraute Trasse des Ausoniusweges. Hier biegen wir rechts ein und sind bald zurück an unserem Ausgangspunkt in **Liederbach** (2.15 Std.).

Tour 6

Große Flaumbachtal-Wanderung

Vom Strimmiger Berg durchs Flaumbachtal zur Römersiedlung

Diese Wanderung führt in eines der großen, noch unberührten Hunsrücktäler. Auf den Auwiesen sind zahlreiche Orchideenarten heimisch. Offenbar haben schon die Römer die Vorzüge dieser Gegend zu schätzen gewusst, denn hier stoßen wir auf die Reste einer römischen Siedlung.

DIE WANDERUNG IN KÜRZE

++ Anspruch	**Charakter:** Ein wegen ihrer Länge und einiger Steigungen mittelschwere Wanderung
4.30 Std. Gehzeit	**Wanderkarte:** TK 1:50 000 Die Mosel von Bernkastel-Kues bis Koblenz
18 km Länge	**Einkehrmöglichkeiten:** Gasthaus ›Zur Buche‹ an der Römersiedlung

Anfahrt: Mit dem Auto die Hunsrückhöhenstraße B 327 bei Kappel in Richtung Zell über die B 421 verlassen. Am ›Gassenhof‹ rechts abbiegen nach Blankenrath und weiter nach Mittelstrimmig. In der Dorfmitte an der Kirche parken.

Hinweise: Bis zur Einkehrmöglichkeit ›Zur Buche‹ sind wir ca. vier Stunden unterwegs. Daher Proviant und Getränke mitnehmen.

Wir verlassen **Mittelstrimmig** in Richtung Liesenich über die Museumstraße, vorbei an der früheren Dorfmühle, in der sich heute das ausgesprochen beachtenswerte **Heimatmuseum** befindet. Ausführlich werden hier Wald- und Landwirtschaft, aber auch der Schieferabbau und die Mühlentechnik am Strimmiger Berg dargestellt. Auch wichtige Funde aus der römischen Siedlung ›Auf der Mauer‹ werden gezeigt. (Anfragen unter ✆ 06545/ 1619.) Vor dem Friedhof biegen wir rechts ab und folgen zunächst dem Zeichen L 1 und dem Hinweis ›Zur Kanzel‹.

Durch einen Buchenwald geht es hinab, bis wir die **Kanzel** erreichen, einen Aussichtspunkt über der eingeschnittenen Höhlenschlucht. Die

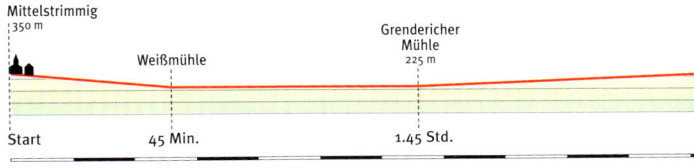

Mittelstrimmig
350 m

Weißmühle

Grendericher Mühle
225 m

Start

45 Min.

1.45 Std.

0

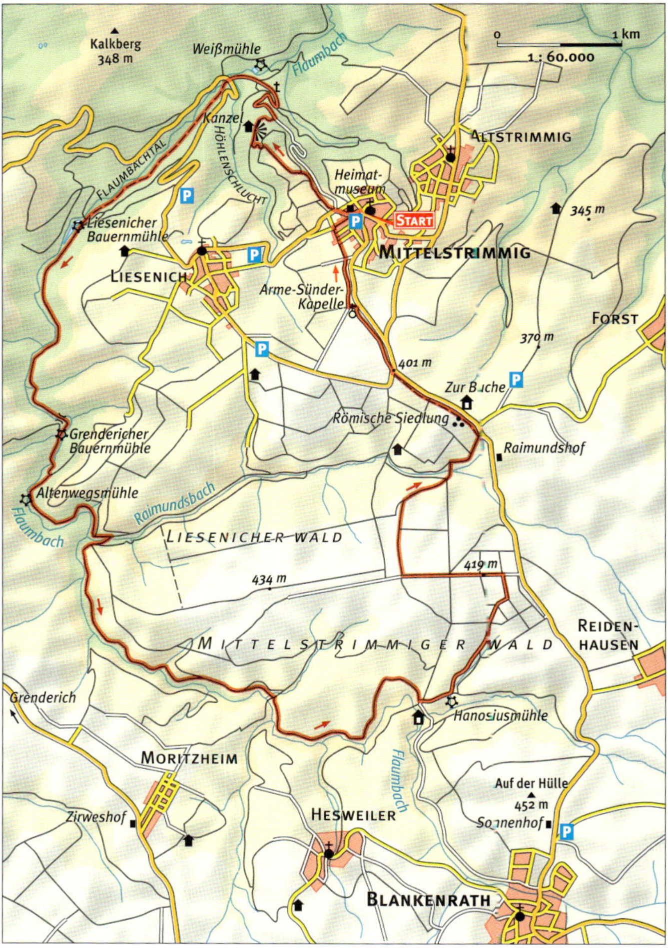

6

Tour

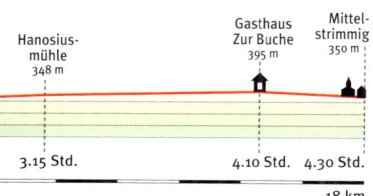

Kalkberg
348 m

Weißmühle

Flaumbach

ALTSTRIMMIG

FLAUMBACHTAL

Kanzel

HÖHLENSCHLUCHT

Heimat-
museum

START

345 m

Liesenicher
Bauernmühle

MITTELSTRIMMIG

LIESENICH

Arme-Sünder-
Kapelle

FORST

370 m

401 m

Zur Buche

Grendericher
Bauernmühle

Römische Siedlung

Raimundshof

Altenwegsmühle

Raimundsbach

Flaumbach

LIESENICHER-WALD

434 m

419 m

MITTELSTRIMMIGER WALD

REIDEN-
HAUSEN

Grenderich

Hanosiusmühle

MORITZHEIM

Flaumbach

Auf der Hülle
452 m

Zirweshof

HESWEILER

Sonnenhof

BLANKENRATH

o   1 km

1 : 60.000

Hanosius-
mühle
348 m

Gasthaus
Zur Buche
395 m

Mittel-
strimmig
350 m

3.15 Std.   4.10 Std. 4.30 Std.

18 km

37

Blick von oben auf die Weißmühle

Schieferstollen erinnern daran, dass sich früher hier die Dorfbewohner ihre Dachziegel holten. An den Hängen sind bis heute Knüppeleichen zu finden, deren Rinde einst für die Lohgerberei unentbehrlich war.

An der Grillhütte halten wir uns rechts und stoßen bald auf den Weg L 3, dem wir nach links zum Tal hinab folgen. Ein Wegekreuz erinnert daran, dass im Jahre 1879 einem Mittelstrimmiger Bauern hier der Erzengel erschienen ist.

Bald erblicken wir unten im Flaumbachtal die in Privatbesitz befindliche **Weißmühle** (45 Min.). Der alte, heute nicht mehr vorhandene Mühlenbau diente 1958 als Kulisse für Helmut Käutners berühmten Schinderhannes-Film mit Curd Jürgens und Maria Schell in den Hauptrollen. Curd Jürgens muss die Landschaft auch privat so gut gefallen haben, dass er eine Drehpause nutzte, um im Zeller Kurfürstlichen Schloss die Hochzeit mit Simone Bicheron zu feiern.

Unser weiterer Weg, markiert mit K 7, führt uns jetzt das **Flaumbachtal** hinauf. Möglicherweise stammt der Name Flaumbach vom lateinischen Wort flumen = Fluss/großer Bach. Wir überqueren die Landstraße vorbei an der Figur des Brückenheiligen Nepomuk und folgen dem Weg durch die Talwiesen, die bei Eingeweihten für ihre Blumenpracht, insbesondere für die vielen Orchideen, bekannt sind. Vorbei an der **Liesenicher Bauernmühle** (bis 1953 wurde hier noch Korn gemahlen, heute werden in den Teichen Forellen gezüchtet) gehen wir immer weiter aufwärts. Nach ungefähr einer Stunde in der Talaue müssen wir uns entscheiden: Überqueren wir den Bach durch eine Furt oder über zwei wacklige Baumstämme? An der **Grendericher Bauernmühle** (1.45 Std.) wechseln wir über eine Brücke wieder auf die andere Seite.

Wir halten uns weiter im Tal, vorbei an der **Altenwegsmühle**, die unten am Bach liegt. Etwas später stoßen wir auf die Ruinen der **Holzpetermühle** und die Einmündung des **Raimundsbachs** in den Flaumbach. Etwa 200 m folgen wir dem Nebenbach aufwärts, bevor wir ihn überschreiten können.

(Wenn wir die Wanderung abkürzen müssen oder wollen, sind wir von hier aus über Liesenich in etwa einer Dreiviertelstunde wieder in Mittelstrimmig.)

Es geht wieder hinunter zum Flaumbach und wir folgen nun dem Wegweiser zur Hanosiusmühle und der Markierung L 10. Immer in halber Höhe über dem Bach spazieren wir durch lichte Buchenbestände, bis wir jenseits einer Wiese die **Hanosiusmühle** erblicken, auf die wir zugehen (3.15 Std.).

Beim Weiterweg halten wir uns an der Wegkreuzung vor der Mühle links und folgen dem Weg L 10 nach Mittelstrimmig, der jetzt ansteigend das Flaumbachtal verlässt. Oben an der Weggabelung angelangt, folgen wir weiter L 9/L 10 und dem Wegweiser zum Gasthaus Buche. Hier wurden die Überreste einer römischen Villa rustica, eines Gehöfts, gefunden. An einer Buchengruppe biegen wir rechts ab, überschreiten noch einmal den Raimundsbach und folgen dem Zeichen L 8 zum Gasthaus, das oben auf der Höhe schon zu sehen ist.

Gegenüber dem **Gasthaus Zur Buche** (4.10 Std.) liegt das Grabungsschutzgebiet der früheren **römischen Siedlung** Raimund, ein Name, der aus dem Keltischen kommt und so viel wie ›am Hang gelegen‹ bedeutet. Heute heißt die Flur ›Auf der Mauer‹. Hier führte einmal eine Römerstraße vorbei, die die Ausoniusstraße von Trier nach Bingen mit der Eifelstraße von Trier nach Köln verband. Bei Kirchberg oben im Hunsrück zweigte die Querverbindung ab und führte über den Strimmiger Berg hinunter zur Mosel, die sie bei Pommern mit einer Brücke überquerte. Hier bei Mittelstrimmig wurde im ausgehenden ersten Jahrhundert nach Christus eine Ansiedlung errichtet, zu der auch eine Therme, ein Heiligtum und ein Wehrturm (Burgus) gehörten. In der Mitte des vierten Jahrhunderts wurde die Siedlung offenbar durch Einfälle der Germanen zerstört. Der Distrikt ›Auf der Mauer‹ harrt noch einer gründlichen archäologischen Untersuchung.

Zum Weiterweg nach Mittelstrimmig folgen wir einem Feldweg, der auf der linken Seite parallel zur Landstraße verläuft, vorbei an der ›**Arme-Sünder-Kapelle‹**. Hier stand vor drei Jahrhunderten noch der Galgen. Bald erreichen wir die Häuser von **Mittelstrimmig** und halten uns nach rechts zur Dorfmitte auf die Kirche zu (4.30 Std.). Hier haben wir unseren Ausgangspunkt wieder erreicht.

Tour 7

Mühlenklappern am Ahringsbach

Von Enkirch ins Ahringsbachtal und über Starkenburg zurück

Völlig einsam zieht sich das Tal des Ahringsbachs von der Hunsrückhöhenstraße bei Irmenach hinunter nach Enkirch. Wer etwas Glück hat, kann auf dieser Wanderung eine vom Wasser angetriebene Getreidemühle in Aktion erleben.

DIE WANDERUNG IN KÜRZE

++
Anspruch

Charakter: Längere Wanderung mit einem steilen Anstieg

3 Std.
Gehzeit

Wanderkarten: WK 1:25 000 Wein- und Ferienregion Bernkastel-Kues, TK 1:50 000 Die Mosel von Bernkastel-Kues bis Koblenz

12 km
Länge

Einkehrmöglichkeiten: Weinhaus ›Schöne Aussicht‹ in Starkenburg und Gasthäuser in Enkirch

Anfahrt: Von der Hunsrückhöhenstraße (B 327) nach Irmenach abbiegen

und weiter über Starkenburg nach Enkirch. Aus dem Moseltal: Über die B 53 bis Enkirch fahren und in die Ortsmitte abbiegen. Parken an der Straße in der Ortsmitte, z. B. gegenüber vom Gasthaus Sponheimer Hof.

Hinweise: Wer die Obere Starkenburger Mühle in Aktion erleben will, setze sich zuvor mit der Mühlengesellschaft in Verbindung (☎ 0 65 41/32 87 oder 34 34).

Wir gehen zunächst die Hauptstraße hinab bis zur Alten Klosterkirche, die heute als Gotteshaus der katholischen Gemeinde dient. Direkt hinter der Kirche zeigt ein Wegweiser zur Starkenburger Mühle, dem wir über den Karrenpfad folgen. Der Weg verläuft etwas oberhalb des Ahringsbaches, dessen Auwiesen uns auf dem ersten Teil der Wanderung begleiten. Schon bald stoßen wir auf die ehe-

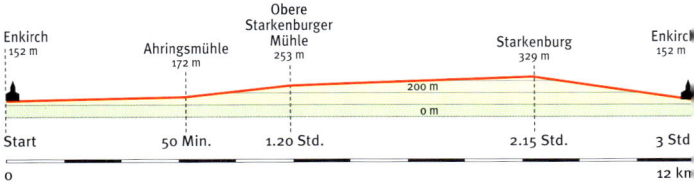

Enkirch 152 m	Ahringsmühle 172 m	Obere Starkenburger Mühle 253 m		Starkenburg 329 m	Enkirch 152 m
		200 m			
		0 m			
Start	50 Min.	1.20 Std.		2.15 Std.	3 Std
0					12 km

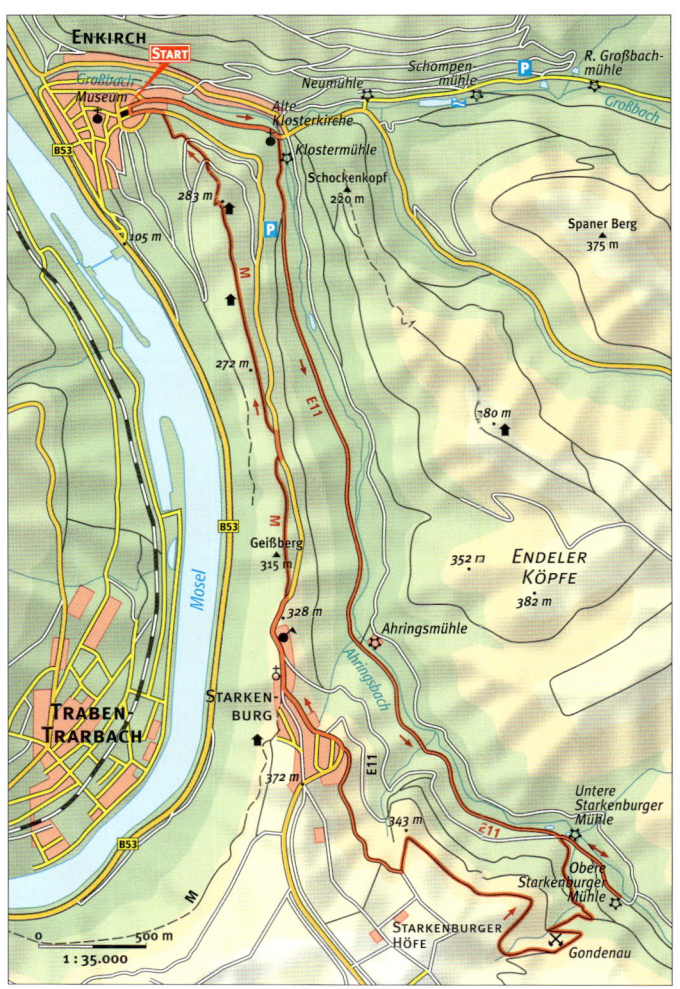

malige Klostermühle, die heute als idyllisch gelegenes Wohnhaus genutzt wird.

Das Tal des Ahringsbachs wird immer enger, der Wald reicht fast bis an die Ufer. Schließlich erreichen wir die **Ahringsmühle** (50 Min.), die heute als Wochenendhaus dient. Früher gab es im Tal

fünf Mühlen, die das steile Gefälle des Ahringsbachs ausnutzten. Allerdings war es für die Bauern äußerst beschwerlich, die Mühlen im engen, tiefen Tal zu erreichen – wie wir ja auf unserer Wanderung nachvollziehen können.

Nach etwa 20 Minuten stehen wir vor der **Unteren Starkenburger**

Mühle, heute ebenfalls Wochenendhaus.

Weiter im Tal aufwärts erreichen wir bald die **Obere Starkenburger Mühle** (1.20 Std.). Wenn wir Glück haben (oder uns vorher erkundigt haben), hören wir schon von weitem das rhythmische Klappern der Mühle.

Das auf den ersten Blick etwas unscheinbare Mühlengebäude beherbergt eine der letzten noch voll funktionsfähigen Wassermühlen des Hunsrücks. Und noch mehr: Die Mühle ist voll in Betrieb und wird regelmäßig von einer Mühlengesellschaft, einem genossenschaftlichen Zusammenschluss von etwa einem Dutzend Eigentümer, genutzt. Im Jahre 1796 wurde die Mühle erbaut, 1983 wurde sie samt ihrer technischen Anlagen unter Denkmalschutz gestellt. Aber ohne die bis heute aktive Mühlengesellschaft wäre die Mühle ein lebloses Denkmal.

Zum Weiterweg gehen wir rund 200 Meter zurück, bis in spitzem Winkel ein Weg (ohne Markierung) nach oben abbiegt. Wir folgen dem steilen Aufstieg und queren immer weiter aufwärts in Serpentinen mehrfach die Trümmerhalden der früheren **Schiefer- und Eisenerzgrube Gondenau**.

Von der oberen Kante des Steinbruchs können wir noch einmal hinunter ins Ahringsbachtal blicken, doch zu sehen ist die Mühle wegen des dichten Waldes nicht, höchstens zu hören.

In einer Haarnadelkurve sehen wir zwei Eichen mit der Markierung T 2. Hier verlassen wir den Serpentinenweg nach rechts und folgen nun für längere Zeit dem auf gleichbleibender Höhe am Hang verlaufenden Pfad. Ab und zu können wir

in der Ferne sogar die Weinberge an der Mosel erkennen.

Dieser Weg führt uns nach **Starkenburg**. Bald erkennen wir über uns die ersten Häuser. Am Friedhof vorbei gelangen wir auf die Schlossstraße, in die wir rechts einbiegen (2.15 Std.). Beim Weinhaus ›Schöne Aussicht‹ bietet sich ein fast atemberaubender Blick ins Moseltal. Starkenburg thront auf einer schmalen Felsrippe, die Mosel- und Ahringsbachtal trennt.

Für den Rest des Weges ist das M des Moselhöhenweges unser Wanderzeichen. Wir gehen aus der Schlossstraße bergab aus dem Ort hinaus und folgen dem Feldweg, der links abbiegt. Unser weiterer Weg führt immer am Steilhang am Übergang vom Wald zu den Weinbergen entlang. ›Kirster Grat‹ nennen die Einheimischen diesen ausgesetzten, steilen Weg. Vorbei an einer Schutzhütte mit Panoramablick erreichen wir die Häuser von **Enkirch**. Bergab folgen wir der Hauptstraße bis zu unserem Parkplatz (3 Std.).

Obere Starkenburger Mühle

Die Mühle wird angetrieben von einem oberschlächtigen Wasserrad, das heißt, das zuvor aus dem Bach abgeleitete Wasser wird von oben auf das Mühlrad geführt. Das Rad hat einen Durchmesser von 4,20 m und eine Breite von 0,60 m. Jede Schaufel kann 50 Liter Wasser fassen. Die Leistung des Mühlrads beträgt 5 PS. Noch vor wenigen Jahren wurden alle 170 Holzzähne des Antriebsrads erneuert – eine schwierige Aufgabe, weil erst das richtige Holz beschafft werden musste. Schließlich wurden die Zähne aus

Blick auf das Ahringsbachtal

Hainbuche per Hand zurechtge- schnitzt.

Die Mitglieder der Mühlenge- sellschaft betreiben die Mühle ne- ben ihrer eigentlichen Berufstätig- keit, vor allem, um die alten Tradi- tionen zu bewahren. Auch früher waren die ursprünglich 19 Mitge- sellschafter im Hauptberuf Bau- ern, Winzer oder Handwerker. Die heutigen Müller haben den Ehr- geiz, dass ihr Mehl besser gerät als das aus den großen Indu- striemühler. Das Mahlgut wird zum Bäcker gebracht und dort zur Herstellung von Sauerteig ver- wendet. Dieser wird im alten Obe- ren Backhaus von Starkenburg einmal im Monat zu Brot ge- backen. Müller Oswald Weisgerber achtet streng darauf, dass das Korn beim Mahlen nicht zu heiß wird – sonst bekommt das Mehl ei- nen brenzligen Geschmack.

Tour 8

Mühlenwanderung im Dhrontal

Von Odert über Walholz und Hunolstein hinunter ins Tal der Großen Dhron und wieder hinauf nach Weiperath

Mühlenromantik heißt das zentrale Thema dieser Wanderung ins Tal der Großen Dhron. Dutzende Mühlräder drehten sich hier noch bis vor wenigen Jahren am Bach. Einige dieser Mühlen lernen wir kennen sowie eine einsame Kirche und den Burgfelsen von Hunolstein.

DIE WANDERUNG IN KÜRZE

++
Anspruch

3.30 Std.
Gehzeit

13 km
Länge

Charakter: Lang, aber ohne allzu große Steigungen, daher mittelschwer

Wanderkarten: WK 1:25 000 Wandergebiet Morbach, TK 1:50 000 Naturpark Saar-Hunsrück

Einkehrmöglichkeiten: Gasthäuser in Hunolstein und in Weiperath.

Anfahrt: Auf der Hunsrückhöhenstraße B 327 von Morbach weiter in Richtung Thalfang fahren. Nach rund fünf Kilometern an der einzeln gelegenen Gststätte Oderter Haus rechts nach Odert abbiegen. In das Dorf hineinfahren und an der Kapelle parken.

Hinweise: Das Verkehrsamt Morbach bietet ›Romantische Mühlenwanderungen‹ auch zu anderen Mühlen als Mehrtagestouren mit Gepäcktransfer an.

Die Kapelle in **Odert** mit dem Barockaltar stammt aus dem Jahre 1770 und wurde laut einer Ortssage mit dem Geld eines Ortsschatzes gebaut, einer von den Schweden im Dreißigjährigen Krieg zurückgelassenen Kriegskasse. Ein paar Schritte neben der Kapelle liegt die Alte Schule aus dem Jahre 1875. Zuvor kannte man nur eine ›Winterschule‹ im Dorf. Jedes Jahr im Herbst wurde ein Lehrer gesucht. Doch nicht der am besten Geeignete bekam die Stelle, sondern derjenige, der mit der geringsten Besoldung zufrieden war. Als ›Lehrer‹ meldeten sich also nur Kandidaten, die ein warmes Plätzchen für den Winter brauchten. Diese

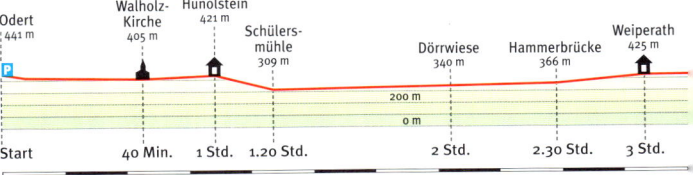

Odert 441 m	Walholz-Kirche 405 m	Hunolstein 421 m	Schülersmühle 309 m	Dörrwiese 340 m	Hammerbrücke 366 m	Weiperath 425 m

200 m

0 m

Start 40 Min. 1 Std. 1.20 Std. 2 Std. 2.30 Std. 3 Std.

0

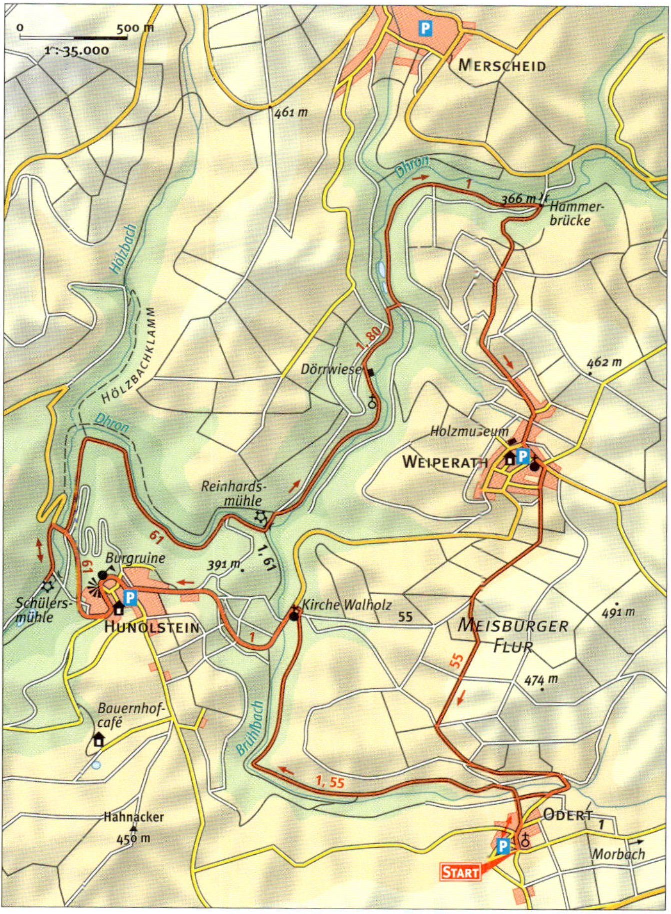

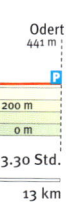

Zeiten sind für die Kinder längst vorbei, heute werden sie nach Gutenthal und Morbach zur Schule gefahren.

Von der Kapelle gehen wir geradeaus weiter und folgen einem asphaltierten Wirtschaftsweg hinab bis zum Brühlbach, den wir überqueren. Hinter der Brücke halten wir uns links und folgen den Markierungen 1 und 55. Wir wandern oberhalb des Baches, der ab hier Walholzbach genannt wird, hinunter ins Tal. Bald stehen wir vor der kleinen, einsam in einem Wiesental gelegenen **Walholzkirche** (40 Min.),

Im Tal der Großen Dhron

die im 13. oder 14. Jh. erbaut wurde und gerade eben durch eine Spendenaktion des Morbacher Hunsrückvereins vor dem Verfall gerettet wurde. Im Kirchhof sind einige alte Grabsteine zu sehen.

Unser Weiterweg führt links entlang der Straße hinauf (Markierung 1) nach **Hunolstein** (1 Std.), vorbei an der neuen Kirche. In der Ortsmitte halten wir uns rechts (Markierung 61) und gehen zur **Burg Hunolstein.** Als Burgherr wird in einigen Hunsrücksagen Hunold, der Kampfgefährte Hagens im Nibelungenlied, genannt.

Von der stolzen Burg, die einstmals das Dhrontal beherrscht hat, sind nurmehr Ruinenreste erhalten. Nachdem wir auf den Quarzitfelsen zum höchsten Aussichtspunkt geklettert sind, können wir einen großen Teil unseres weiteren Weges im Dhrontal überblicken. Unter uns erkennen wir die Gebäude der Schülersmühle. Gegenüber liegt Haag (Hunrücksagen benennen Hagen als Namenspatron), leicht erkennbar an der gelben Kirche.

Wir gehen jetzt steil hinunter ins Dhrontal (Markierung 61). Die Große Dhron entspringt in den Wäldern oberhalb von Hinzerath, nimmt bei Papiermühle die Kleine Dhron auf und mündet schließlich beim Winzerdörfchen Dhron in die Mosel. Unten im Tal erreichen wir eine Brücke. Auf der anderen Seite führt ein Pfad zur **Schülersmühle** (1.20 Std). Sie wurde von der Besitzerin Helke Salzburg zu einem Treffpunkt internationaler Musikgrößen ausgebaut. Berühmte Gäste, unter anderem aus St. Petersburg, fühlen sich in der jeden Sommer veranstalteten Musikwerkstatt heimisch.

Wir gehen über die Brücke zurück und weiter im Tal aufwärts. Wir passieren einen der am wenigsten berührten Abschnitte des Dhrontals, die felsige **Hölzbachklamm,** benannt nach der gegenüberliegenden Einmündung des Hölzbaches. Die Quarzitfelsen engen den Bach so weit ein, dass kaum Platz für den Pfad bleibt.

Wir stoßen bald auf eine Brücke, über die wir zur anderen Bachseite wechseln, um zur **Reinhardsmühle** zu gelangen, die heute als Bauernhof bewirtschaftet wird. Wenn wir Glück haben, bietet die Bäuerin ein Glas Milch oder ein Stück Ziegenkäse an.

An der Mühle vorbei biegen wir nach rechts ab und folgen jetzt auf der anderen Seite des Bachs den Markierungen 1 und 80. Die Talaue weitet sich zusehends. Nach einiger Zeit kommen die Häuser der **Dörrwiese** (2 Std.) in Sicht, deren Bewohner einer alternativen Lebensgemeinschaft angehören.

Bald erkennen wir rechter Hand eine Brücke, über die wir wieder auf das gegenüberliegende Ufer des Bachs gelangen. Wir folgen jetzt im Tal den Markierungen 1 und 56, bis wir die **Hammerbrücke** erreichen (2.30 Std.), deren Namen an einen Eisenhammer erinnert, der hier einmal schlug. Die Brücke überqueren wir aber nicht, sondern verlassen auf dem steil ansteigenden Weg 56 das Dhrontal.
(An dieser Stelle ist ein **Abstecher** möglich: Wir gehen weiter auf Weg 1 und gelangen nach ca. 30 Minuten zur seltsam anrührenden Statue des **Großen Herrgotts von Rapperath.** Anschließend gehen wir auf dem gleichen Weg zurück zur Hammerbrücke und auf dem Weg 56 hinauf.) Bald öffnet sich der Blick über die Feldfluren hinüber nach Morbach.

Oben auf der Höhe erreichen wir den Flecken **Weiperath** mit seinem wuchtigen Kirchturm (3 Std.). Am Ende des Dorfes halten wir uns rechts nach Odert/Walholzkirche und folgen der Markierung 55. Vorbei am kleinen Friedhof mit weißen Kreuzen halten wir uns am Abzweig zur Walholzkirche weiter geradeaus über die Meisburger Flur. Noch einmal können wir den Fernblick auf Hunolstein genießen. Tief eingeschnitten liegt unter uns, nur erkennbar am Saum der Baumspitzen, das Tal der Dhron, das wir soeben durchwandert haben. Wir gelangen bald zu einem Waldrand, an dem wir jenseits des Brühlbaches Odert liegen sehen. Der Weg beschreibt noch einen leichten Bogen, bevor wir **Odert** und damit unseren Ausgangspunkt erreichen (3.30 Std.).

Walholzkirche

Die Entstehungszeit des Kirchenschiffes wird auf die Mitte des 13. oder auf das 14. Jh. datiert. Möglicherweise bestand vorher ein hölzerner Bau, da die Walholzkirche erstmals 1228 erwähnt wird. Nach

Die Walholzkirche

der Sage sollte die Kirche ursprünglich oben in Hunolstein gebaut werden, doch nachdem das Bauholz dort gelagert war, erhob sich in der Nacht ein Sturm. Am nächsten Morgen wurde das Holz unten im Tal gefunden und wieder hinaufgeschleppt. Nachdem sich das ›Spiel‹ noch zweimal wiederholte, verstand man den göttlichen Wink und baute das Kirchlein im Wiesental. Walholz heißt also: das Holz, das sich seinen Standort selbst gewählt hat. Die älteste Glocke der Walholzkirche stammt aus dem Jahre 1391, hängt aber seit Anfang des jetzigen Jahrhunderts zusammen mit einer anderen, ähnlich bejahrten Glocke im Kirchturm von Hunolstein, der damit wohl zwei der ältesten Geläute des Bistums Trier aufzuweisen hat. Im Jahre 1907 wurde die neue Kirche geweiht, und wegen des beschwerlichen Weges hinunter nach Walholz verlor die Wiesenkirche bald ihre Aufgabe. Fast hundert Jahre lang stand die Walholzkirche leer und zeigte schon erste Spuren des Verfalls. Nach den Restaurierungsarbeiten, für die sich der Morbacher Hunsrückverein stark engagiert hat, wurden schon wieder Trauungen in Walholz gefeiert.

Burg Hunolstein

Urkundlich belegt ist als erster Vogt Hugo von Hunolstein im Jahre 1192. Die Burg wurde Ende des 12. Jh. von den Grafen von Blieskastel als Stützpunkt an der Peripherie ihres Besitzes erbaut. Franz von Sickingen war es, der die Feste Hunolstein auf dem Rückmarsch vom missglückten Feldzug gegen Trier im Jahre 1522 plünderte. Endgültig zerstört wurde sie dann während des ›Hunsrücker Jammertages‹ am 17. September 1689, als die Truppen des französischen ›Sonnenkönigs‹ Ludwig XIV. fast alle Städte, Burgen und Dörfer auf dem Hunsrück brandschatzten.

Der Große Herrgott von Rapperath

Ein mächtiges, sagenumwobenes spätgotisches Kreuz, dessen Korpus und Längsstamm aus einem Eichenbalken geschnitzt wurden. Über drei Meter hoch ist das Kreuz aus dem 17. Jahrhundert. Ungeübte und unbeholfene Hände haben es vermocht, dem von Schmerzen geprägten Antlitz Jesu einen ganz eigenartigen, faszinierenden Reiz zu geben.

Der Große Herrgott von Rapperath

Von Wind und Wasser

Von Kasholz nach Hirzlei und zur Wintricher Mühle

Die Wanderung führt von der Hochfläche des Hunsrücks durch ein enges Tal hinunter zu den Weinbergen im viel milderen Moseltal. Wir erleben Beispiele früherer Nutzung der Naturenergien: die Reste einer Wassermühle und die letzte Windmühle in Rheinland-Pfalz.

DIE WANDERUNG IN KÜRZE

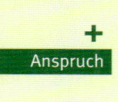

Anspruch +

Charakter: Noch relativ leicht mit einem etwas steilen Anstieg von Hirzlei zur Windmühle

Gehzeit 3 Std.

Wanderkarten: WK 1:25 000 Wein- und Ferienregion Bernkastel-Kues

Länge 11 km

Einkehrmöglichkeiten: Gasthaus Hüttl in Hirzlei

Anfahrt: Mit dem Auto: Die Hunsrückhöhenstraße B 327 bei Morbach nach Rapperath verlassen und weiter über Merscheid, Haag und Horath in Richtung Wintrich fahren. Auf der Höhe oberhalb Wintrichs liegt der Weiler Kasholz. Vom Moseltal aus (B 53) in Wintrich nach Horath/Morbach abbiegen bis Kasholz. Parken entlang der Straße im Bereich Kasholz.

Hinweise: Dieser Weg ist, wie auch die anderen Wege des Gebiets, ausgesprochen schlecht ausgeschildert. Wegezeichen werden nur dort angegeben, wo sie auch in der Natur vorhanden sind.

Von der kleinen Siedlung **Kasholz** aus gehen wir an einem Bauernhof vorbei zunächst einige Meter entlang der Straße in Richtung Horath, bis links ein Wanderweg mit der Markierung V 30 und dem Wegweiser zur Staudtenmühle auftaucht. Diesem Weg folgen wir durch einen lichten Buchen- und Lärchenwald. Zunächst senkt sich der Weg nur allmählich hinunter zum Kieselborntal, in das ab und zu die dichten Bäume den Blick freigeben. Wir halten uns immer geradeaus, ohne uns von den steilen Wegen links hinab oder rechts hinauf verführen zu lassen.

Nach ca. 40 Minuten schönsten Waldwanderns stoßen wir auf eine Serpentinenkurve, in der wir uns steil abwärts halten. Dieser Weg führt uns durch eine weitere Spitzkehre hinab zum **Kieselbornbach**, dem wir talabwärts folgen. Bald stoßen wir rechter Hand auf einen Abzweig, der mit einer Brücke den Bach überquert. Wenn wir drüben wieder talaufwärts gehen, erreichen wir in gut zehn Minuten die Ruinen der einst großen **Staudtenmühle** (1 Std.). Die Ruinen liegen unterhalb des Weges im Talgrund. Insbesondere im Sommer verstecken sich die Mauern hinter dichtem Blätterwerk.

Noch gut sind die einstigen Wohn- und Arbeitsräume und die Mahlkammer zu erkennen. Wenn wir alles besichtigt haben, klettern wir den Hang wieder hinauf und gehen zurück bis zur Brücke, um wieder auf die andere Bachseite zu kommen.

Wir folgen der Markierung V 25 das **Kieselborntal** abwärts, immer auf der Talsohle bleibend, bis wir die ersten Häuser von Hirzlei erreichen und der Kieselbornbach in den Gornhäuser Bach mündet.

Hirzlei ist ein kleiner, aber lang gestreckter Flecken, der schon zur Winzergemeinde Brauneberg gehört. Über Hirzlei thront ein mächtiger Felsblock, der **Hirschfelsen,** der dem Ort wohl den Namen gegeben hat (*Lei* = Fels). Sobald wir die Dorfstraße erreichen, halten wir uns links und gehen unterhalb des Hirschfelsens vorüber. Vor der Straßenbrücke biegen wir links ab und folgen dem Wegweiser nach Brauneberg/Burgen in den alten Dorfkern. Hier gibt eine Gaststätte Gelegenheit zur Einkehr (1.40 Std.).

Wir halten uns geradeaus und stehen bald am Fuße eines steilen Weinberges. Der Weinbau des Veldenzer Tales hat hier seine am weitesten vorgeschobene Bastion, der doch etwas wildwüchsige Laubwald der Hunsrückhochfläche geht über in die gestriegelten Rebzeilen der Moselhänge. An den Weinbergen halten wir uns links und folgen den Serpentinen hinauf, bis der Weg die Rebpflanzungen wieder verlässt.

Wir stehen jetzt auf einer sanft ansteigenden Wiese und steuern die Strommasten am links gegenüberliegenden Waldrand an, bis wir auf den Weg mit der Markierung V 29 stoßen, dem wir leicht bergauf folgen. Etwas höher erreichen wir erneut eine weite Wiesenfläche, die sich wie eine grüne Schüssel absenkt. Wir halten uns aber auf dem Weg parallel zum Hang, sozusagen entlang ›des Schüsselrandes‹. Bald sehen wir auf der Höhe, etwas hinter Bäumen vesteckt, einen einzelnen Bauernhof, der mit der Hausnummer 1 noch zu Kasholz gehört. Sobald ein Pfad zu diesem Hof abbiegt, verlassen wir auf ihm den Weg V 29. Wir kreuzen die Straße und folgen hinter der Einfahrt zum Bauernhof einem Weg rechts hinunter zu einem kleinen Gehölzstreifen. Hinter diesen Sträuchern verbirgt sich ein auf den ersten Blick völlig unscheinbares technisches Denkmal: die **Wintricher Windmühle** (2.30 Std.).

Allerdings: Die Flügel fehlen. Erhalten ist aber der runde, gemauerte Turm mit einem Durchmesser von 5, 40 m und das drehbare Kegeldach. Das Bauwerk hat eine Höhe von 8, 60 m, und die mit Segeltuch bespannten, hölzernen Flügel haben einstmals noch viel weiter in den Himmel geragt. Dieses Gemäuer ist das einzige noch in Rheinland-Pfalz erhaltene Zeugnis früherer Nutzung der Windkraft. Das Dach kann sich noch heute in den Eisenrollen bewegen und drehte sich früher nach dem

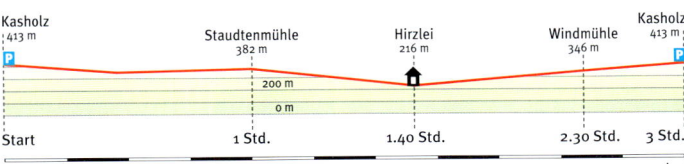

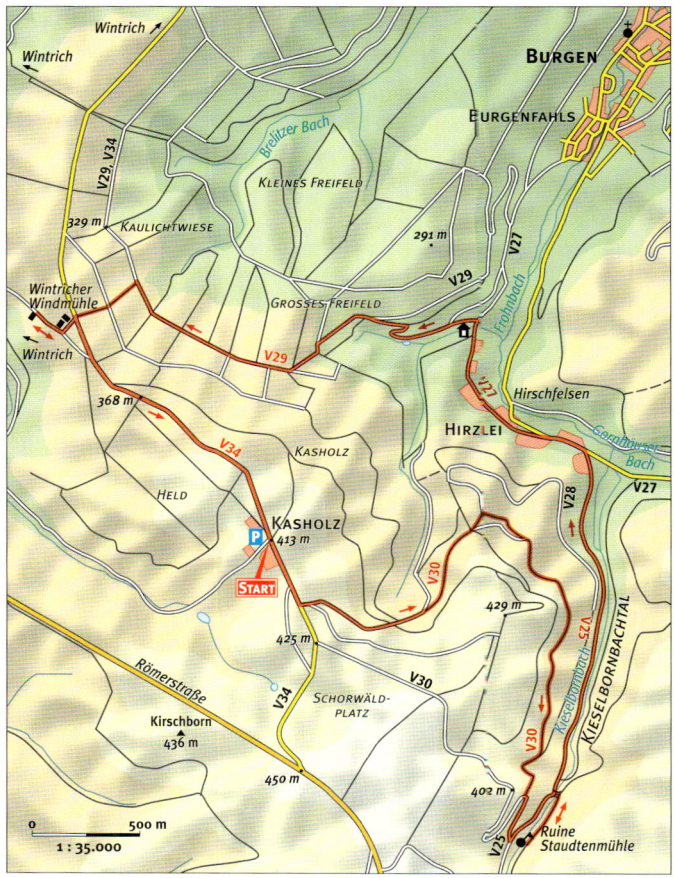

Wind. Die Drehkraft der Flügel wurde auf ein Gestänge übertragen, das die Mühlsteine antrieb. Während des Zweiten Weltkrieges wurde die Mühle zerstört. Der heutige Besitzer Claus Quint, ein Winzer aus Wintrich (A o 65 34/88 63), hat wenigstens das Dach wieder in Stand setzen können, doch für die Flügel fehlen die finanziellen Mittel. Die Windmühle ist noch gar nicht so alt. 1874 wurde sie vom damaligen Eigentümer des Gutes Kasholz gebaut. In der Mühle wurde aber nicht etwa Getreide gemahlen, sondern sie dients der Zerkleinerung von Schiefersteinen und Knochen. Stein- und Knochenmehl wurden als natürlicher Dünger in die etwas tiefer gelegenen Wintricher Weinberge gebracht.

Nach der Besichtigung gehen wir zurück zum Bauernhof und folgen der Landstraße hinauf zur Siedlung **Kasholz,** wo wir unseren Ausgangspunkt wieder erreichen (3 Std.).

Auf den Spuren der Hl. Barbara

Von Fell ins Nossertal zu den ehemaligen Dachschiefergruben

Steinbrüche, Stollenmundlöcher, Bergwerke, Schieferhalden und Loren – dies alles bietet der Feller Grubenwanderweg auf einer relativ kurzen Strecke. Bis in die sechziger Jahre hinein wurde im Nossertal Dachschiefer von hoher Qualität abgebaut. Erhalten blieb ein einzigartiges industrie- und landschaftsgeschichtliches Ensemble.

DIE WANDERUNG IN KÜRZE

+
Anspruch

Charakter: Leichte Wanderung, auf der sogar ein Kinderwagen mitgenommen werden kann

2 Std.
Gehzeit

Wanderkarte: TK 1:50 000 Naturpark Saar-Hunsrück

Einkehrmöglichkeiten: Zahlreiche Gaststätten und Weinstuben in Fell. Unterwegs keine Möglichkeit.

8 km
Länge

Anfahrt: Mit dem Auto über die A 1 bis zum Moseltaldreieck bei Trier fahren. Im Dreieck dem Wegweiser nach Schweich/Longuich

und dann weiter nach Fell folgen. Über Fastrau nach Fell hineinfahren. In der Ortsmitte den Wegweiser nach Thomm beachten und abbiegen (Bachstraße). Nach etwa hundert Metern liegt rechts ein Parkplatz.

Hinweise: Zur Geschichte des Dachschieferbergbaus in Fell ist die Broschüre ›Stein und Wein‹ beim Förderverein Besucherbergwerk Fell, Burgstr. 3, 54341 Fell, A 0 65 02/57 75 erhältlich.

Das Winzer und Schieferdorf **Fell** mit etwas über 2000 Einwohnern liegt am Fuße des Hochwaldes. Die Weinberge des hier relativ weiten Moseltales gehen über in die bewaldeten Hänge des Mittelgebir-

ges. Seit jeher wussten die Feller beides zu nutzen: die Reben, die auf den wärmespeichernden Schiefergesteinen besonders gut gedeihen, und die ›blauen Leyen‹ aus dem Nossertal. Entstanden ist der

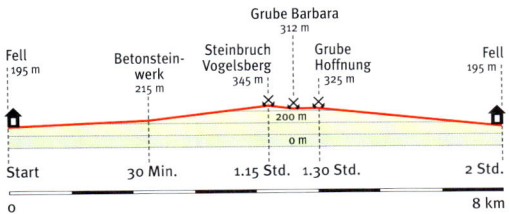

Schiefer vor 360 Millionen Jahren im Devon-Meer, das damals West- und Mitteleuropa bedeckte. Ausgebeutet wurde dieser Bodenschatz bereits von den Römern, vor allem aber vom Mittelalter bis in die Neuzeit hinein.

Die **Informationstafel** am Parkplatz vermittelt eine erste Übersicht über das, was uns in den kommenden Stunden erwartet. Eine Besonderheit fällt erst bei genauem Hinschauen auf: Das kleine Dach der Tafel ist mit Schiefer gedeckt, und zwar in klassischer ›altdeutscher‹ Deckung. Unterwegs werden wir noch andere Arten wie ›wild‹ oder ›englisch‹ kennen lernen.

Wir folgen zunächst der **Bachstraße** und dann der **Bergmannstraße** hinauf. Diesen Weg sind auch die Feller Leyenbrecher zu ihren Gruben gegangen. Am Ortsende sehen wir in einer kleinen Grotte an der Weinbergsmauer die Patronin unseres Wanderweges: die **Heilige Barbara**. Sie ist die Schutzheilige der Bergleute, Steinbrecher, Feuerwehrleute und Architekten. Gerade die Bergleute gelten ob ihrer besonders gefährlichen und oft von tödlichen Unfällen überschatteten Arbeit als besonders gottesfürchtig. Sie haben vor der ungewissen Einfahrt in den Stollen ihre Heilige um Obhut gebeten.

Wir nehmen den unteren Weg längs der Straße und folgen während der gesamten Wanderung der Markierung ✗, dem alten Bergmannssymbol des gekreuzten Gezähes. Nach etwa 200 m biegt links ein Feldweg ab, dem wir ins **Nossertal** hinein folgen. Der Nosserbach hat, vom Hochwald kommend, ein tiefes Tal in den Devonschiefer hineingeschürft. Oberhalb des Grubenweges liegen zunächst Weinberge,

die erst im letzten Jahrhundert angelegt wurden und daher als relativ jung gelten. Später beschattet Wald unseren Weg. Ab und zu können wir einen freien Blick auf die Steilhänge des Nossertales genießen und erkennen die grauen Halden, die von der Schieferbearbeitung zeugen.

Bald erreichen wir das Mundloch der **Grube Eichbaum**. Alle Stollen sind aus Sicherheitsgründen und wegen des Fledermausschutzes vergittert. Der Versuch, in die Stollen einzudringen, wäre lebensgefährlich, da mit Wassereinbrüchen und Bergstürzen zu rechnen ist. Die Grube Eichbaum gilt als das mit Abstand größte Bergwerk in Fell. Sie wurde seit etwa 1850 bis Mitte der dreißiger Jahre genutzt. Das System der Stollen ist etwa 600 m lang, aber inzwischen durch zahlreiche Gebirgsbrüche gestört. Die Informationstafel vor dem Stollenmund zeigt die Schieferdeckung mit Achteckschablonen *(Octogones)*.

Kurz darauf stoßen wir auf riesige Schieferhalden, die sich über den ganzen Hang hinunter bis zum Nos-

Tour 10

serbach erstrecken und auch auf der anderen Seite bis hinauf nach Thomm zu erkennen sind. Der heutige Name **Eidechsenhalden** verweist darauf, welch einzigartige Biotope sich im wärmespeichernden Schieferschutt gebildet haben. Die Halden entstanden dadurch, dass direkt an der Grube die Schieferplatten gespaltet und zugerichtet wurden. Nur in ›bergfeuchtem‹ Zustand, erkennbar an der blau-violetten Färbung, lässt sich der Schiefer in dünnste Platten spalten. Ist der Schiefer erst einmal trocken und grau, hat er viel seiner Elastizität verloren. Da die Bergwerke am Hang übereinander lagen, bildeten sich regelrechte Terrassen aus Schieferabfall, von den Bergleuten *Prass* genannt. Auf dem gegenüberliegenden Hang, schon auf der Gemarkung Thomm, befanden sich die Gräflichen von Kesselstattschen Dachschiefergruben, die als die größten und modernsten des Nossertales galten. Eine drahtseilgetriebene Lorenbahn brachte den gebrochenen Schiefer zur Weiterverarbeitung ins Tal. In den Spalthäusern hockten die hoch spezialisierten Spalter und Zurichter auf ihrem Holzschemel, um die nur vier bis sechs Millimeter dünnen Dachplatten zu gewinnen. Allein in der **Gräflichen Betonstein-**

Schieferspalter bei der Arbeit

fabrik (30 Min.), die wir bald im Talgrund erreichen, wird noch gearbeitet. In dieser Fabrik, ein Stück Industriekulisse in einem ansonsten abgelegenen Tal, wird das reichlich vorhandene Haldenmaterial recycelt. Aus Schiefersplitt und Zement entstehen gesuchte Bausteine.

An der Fabrik folgen wir unserem Wanderzeichen einen Waldweg hangaufwärts und blicken noch einmal auf das Bausteinlager des Betonwerks. Das Tal wird einsamer, kaum noch etwas ist von der Steinindustrie zu spüren, bis wir den Stollenmund der **Grube St. Josef** erreichen, der sich zwischen den schräg liegenden Felsschichtungen versteckt. Die Informationstafel ist mit ›Normalschablonen‹ in Sechseckform gedeckt.

Bald gelangen wir zur **Matteshalde**, die den ganzen Hang bis zum Talboden bedeckt. Der Nosserbach muss sich seinen Weg durch das Schiefergeröll suchen. Langsam erobert die Natur die Halden als neuen Lebensraum. Deshalb sollten die Halden auch nicht betreten werden. Unterhalb des Weges liegt der Mattesstollen, etwas weiter gelangen wir zum **Kobenbachstollen**. Dieser anfangs nur auf taubes Gestein stoßende Stollen erschloss eine dann doch sehr ergiebige Lagerstätte, die bis Mitte der fünfziger Jahre abgebaut wurde. Die Informationstafel ist mit Rundschablonen gedeckt.

Nach etwa 200 m folgen wir dem Grubenweg nach links in einem spitzen Winkel aufwärts, bis wir zur **Hofgrube** gelangen. Es handelt sich um die jüngste Schiefergrube des Nossertals, in der von 1947 bis 1966 gearbeitet wurde. Die Informationstafel zeigt die ›Englische Deckung‹.

Künstlerisch gestaltete Schieferdeckungen

Immer auf gleicher Höhe am Hang bleibend erreichen wir bald den **Steinbruch Vogelsberg** (1.15 Std.). Sechzig Meter hoch erheben sich die kantigen Stufenabbrüche des Schiefergesteins, das hier im Tagebau gewonnen wurde. Allerdings wurde dieses Gestein nicht zum Dachdecken, sondern zum Mauerbau verwendet. Mathematiker haben errechnet, dass das hier gebrochene Material für eine 200 km lange Weinbergmauer ausreichen würde. Auch viele Häuser in Fell und Umgebung wurden mit dem Vogelsanger Felsbrocken erbaut. Die Informationstafel zeigt die ›Wilde Deckung‹. Von der Halde bietet sich noch einmal ein Blick ins Nossertal und hinüber nach Thomm.

Vorbei an den Gruben **Vogelsberg II** (Informationstafel mit Bogenschnittschablonen gedeckt) und **Vogelsberg I** (›Englische Deckung‹) gelangen wir zur **Grube Barbara**, benannt nach der Schutzheiligen der Bergleute. Diese Grube wurde seit 1908 bis Mitte der fünfziger Jahre betrieben und ist auch heute noch sehr gut erhalten. An der Informationstafel sehen wir noch einmal die ›Wilde Deckung‹. Die Grube Barbara wird von der Gemeinde Fell und einem Förderverein zur Zeit zum **Besucherbergwerk** ausgebaut und mit der etwas höher liegenden Grube Hoffnung verbunden. Das Besucherbergwerk soll die gefahrvolle Arbeit der Leyenbrecher dokumentieren.

Ein **Abstecher** führt hinauf zur **Grube Hoffnung** (1.30 Std.), die bis Ende der sechziger Jahre in Betrieb war und noch über ein intaktes Schienennetz verfügte. Die Gleise führen bis zum Haldensturz. Auf der Halde ist eine Dreh-Kipp-Lore zu sehen, mit der das Gestein aus dem Bergesinneren gefördert wurde. In der Nähe des Stollenmundes befindet sich eine kleine Barbara-Statue.

Wir gehen wieder hinunter zum Grubenwandeweg, dem wir in Richtung Fell folgen. Auf etwa 250 m berühren wir einen Weg, den wir anfangs in entgegengesetzter Richtung gegangen sind und passieren noch einmal die Grube Eichbaum, halten uns dann aber rechts oberhalb des alten Weges, bis wir die **Grube Schürzig** erreichen. Um 1970 herum wurden die Arbeiten eingestellt. Auf der Informationstafel sehen wir die ›Altdeutsche Deckung, normaler Hieb‹. Vor dem Stollenmund und auf der Prasshalde sind zahlreiche Fahr- und Förderloren sowie Schienen und Weichen ausgestellt, die weitgehend aus dem Bergbau Thüringens stammen.

Bald gelangen wir zum **Margaretenbrunnen,** der aus Schieferstein gemauert wurde. Auf der Rückseite ist noch deutlich ein Sprengloch mit dem Explosionstrichter zu erkennen. Hier erreichen wir wieder die Weinberge, durch die unser weiterer Weg hinunter nach **Fell** zurück zum Parkplatz führt (2 Std.)

Tour 11

Sauerborn und weiße Wacken

Von Berglicht zur Haardtwaldquelle und zum Berger Wacken

Gesundheit ist der Zweck dieser Wanderung. Nicht nur die körperliche Betätigung tut gut, sondern unterwegs können wir regelrecht Heilkraft trinken: das sprudelnde Mineralwasser der Haardtwaldquelle. Und danach klettern wir noch auf eine mächtige Quarzklippe mitten im Wald, bevor wir ›Unsere Liebe Frau vom Berge‹ besuchen.

DIE WANDERUNG IN KÜRZE

+ Anspruch	**Charakter:** Leicht, mit einigen Steigungen
2.30 Std. Gehzeit	**Wanderkarten:** WK 1:25 000 Verbandsgemeinde Thalfang, TK 1:50 000 Naturpark Saar-Hunsrück
10 km Länge	**Einkehrmöglichkeiten:** Gasthäuser Zum Berger Wacken und Zur Post in Berglicht. Unterwegs keine Möglichkeit.

Anfahrt: Mit dem Auto: Von der Hunsrückhöhenstraße B 327 zwischen Morbach und Thalfang an der Gaststätte Berghof in Richtung Talling/Trier abbiegen und sofort wieder rechts Richtung Neumagen-Dhron bis Berg.

Hinweise: Flaschen für das Heilwasser der Haardtwaldquelle mitnehmen.

Berglicht liegt dort auf der Höhe, wo sich der Haardtwald hinunter zum Tal der Großen Dhron senkt. Weithin bekannt ist das Dorf durch seine reich ausgestattete **Wallfahrtskirche Maria Geburt**. Von der Kirche aus gehen wir die **Hauptstraße** hinauf, vorbei an traditionellen Bauernhäusern im Stile des Trierer Einhauses. Oben am Orts-

ende überqueren wir die Landstraße und gehen geradeaus in den **Gräfendhroner Weg**, an dessen Ende wir rechts dem Wirtschaftsweg folgen. Nach links blicken wir hinunter ins weite, aber tief eingeschnittene Dhrontal. Unten können wir die Häuser von Gräfendhron, gegenüber auf der Höhe Horath erkennen. Wir halten uns

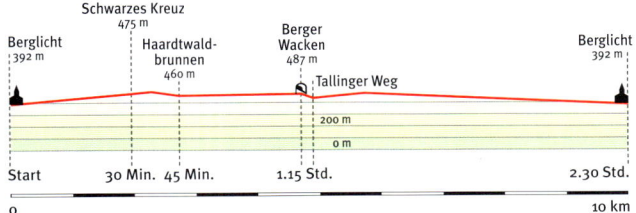

Berglicht 392 m	Schwarzes Kreuz 475 m / Haardtwald-brunnen 460 m	Berger Wacken 487 m / Tallinger Weg	Berglicht 392 m

200 m

0 m

Start — 30 Min. — 45 Min. — 1.15 Std. — 2.30 Std.

0 — 10 km

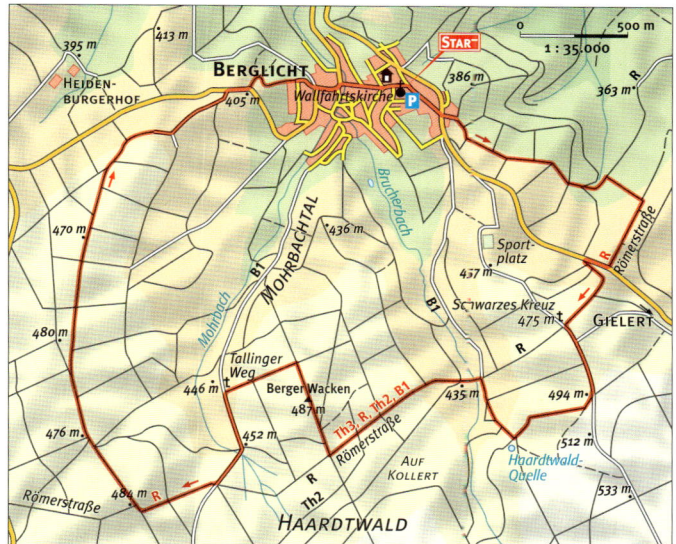

immer geradeaus, bis wir am Ende des befestigten Weges auf das Wanderzeichen des Ausoniusweges, einen Römerkopf, treffen. Dieser Weg folgt von Bingen nach Trier der alten Römerstraße, auf der einst der Dichter Ausonius reiste (siehe auch Wanderung 5).

Wir folgen dem Ausoniusweg nach rechts hinauf über eine Wiese, bis wir oben wiederum nach rechts in einen Wirtschaftsweg einbiegen. Wir erreichen die Straße Thalfang–Berglicht, bei deren Bau die Spuren der Römerstraße beseitigt wurden. Etwas mühsam müssen wir auf der anderen Seite die Böschung hinaufklettern und uns oben links halten, immer dem Römerkopf folgend. Bald haben wir wieder die alte Römerstraße unter den Füßen, bis wir das **Schwarze Kreuz** erreichen (30 Min.). Hier biegen wir, den Ausoniusweg verlassend, nach links ab und gehen auf den Waldrand zu. Dort weist uns ein Wegweiser nach rechts zum **Haardtwaldbrunnen**, den wir in wenigen Minuten erreichen (45 Min.).

Die neu gefasste und mit einem Dach versehene Quelle liefert 11,4 Grad kaltes Sauerwasser aus etwa 100 m Tiefe. Schon im Jahre 1780 hat ein Thalfanger Arzt dem Wasser heilkräftige Wirkung zugesprochen. Das erfrischende kohlensäure- und mineralhaltige Wasser entspricht in seiner Zusammensetzung dem Wasser der Heilbäder Bad Wildungen und Bad Teinach – mit einem Unterschied: Das Haardtwälder Wasser kann völlig kostenlos genossen werden. Und wer genug Platz im Rucksack hat, nimmt eine oder zwei gefüllte Flaschen mit nach Hause. Die prickelnde Kohlensäure gilt als letztes Zeichen weit zurückliegender vulkanischer Aktivität. Die ockerfarbenen Ablagerungen in der Abflussrinne verweisen

57

darauf, dass das Heilwasser äußerst eisenreich ist. Das von der Kohlensäure im Wasser gelöste Eisen reagiert mit dem Luftsauerstoff zu rotbraunem Eisenoxid. Auch in unserer Flasche bilden sich nach einiger Zeit braune schwebende Flocken, die zwar etwas unappetitlich aussehen, aber beim Trinken völlig unbedenklich sind.

Von der Quelle gehen wir weiter bergab bis zum Waldrand, dann über eine Wiese, bis wir wieder auf den Ausoniusweg stoßen. Wir wenden uns nach links, dem Zeichen des Römerkopfes und dem Wegweiser ›Berger Wacken‹ folgend, und gehen zunächst am Waldrand entlang, dann an der Wegekreuzung geradeaus in den Wald hinein. Nach etwa 400 m zeigt ein Wegweiser nach rechts zum ›Berger Wacken‹, den wir nach weiteren 200 m erreichen (1.15 Std.). Der **Berger Wacken** ist die höchste Stelle eines rund eineinhalb Kilometer langen Quarzkammes, der schon am Berglichter Sportplatz hervortritt. Schroffe Klippen bauen sich hier mitten im Wald immerhin bis zu einer Höhe von 15 m auf. Entstanden ist dieser Grat im Erdzeitalter des Perm vor 300 Mio. Jahren: In der Erdkruste bildeten sich durch vulkanische Aktivität mächtige Spalten, in denen kieselsäurereiches Wasser langsam abkühlte und den Quarz ausfällte. Da der Quarz wesentlich härter ist als die umliegenden Tonschiefer, bietet er der Erosion mehr Widerstand und wittert als Klippe heraus.

Mit genügender Vorsicht (Achtung: Der Quarz ist glatt!) kann der Wacken bestiegen werden. Auf der Rückseite des Massivs befindet sich eine fünf Meter tiefe Höhle, in der der Räuberhauptmann Schinderhannes eines seiner Lager aufgeschlagen haben soll. Natürlich heißt die Höhle jetzt werbekräftig **Schinderhanneshöhle**. Die Höhle ist wohl entstanden, weil Wasser in die feinen Felsrisse eindrang, sich beim Gefrieren ausdehnte und dabei große Felsbrocken regelrecht absprengte, getreu dem Motto: Weiches Wasser bricht den Stein.

Während der Eiszeit vor etwa 15 000 Jahren war der Boden bis in eine Tiefe von einigen hundert Metern gefroren. Nur während des Sommers taute der Boden oberflächlich auf, der zähe Brei rutschte auf dem tiefgekühlten Untergrund bergab und nahm die Quarzbrocken mit, die heute im ganzen Wald bis hinunter nach Berglicht verteilt sind.

Wir gehen an der Höhle in unserer bisherigen Richtung weiter durch Farnkraut und über eine Waldschneise, bis wir im rechten Winkel auf eine andere Schneise treffen, der wir nach links bergab folgen (Markierung B 1), vorbei an zahlreichen einzeln Quarzbrocken.

Unten im Tal des Mohrbachs stoßen wir auf einen Wirtschaftsweg (Tallinger Weg), auf dem wir uns links halten. Die weiter unten fließende Mohrbach bildet ein idyllisches Tal mit Streuobstbäumen und sumpfigen Wiesen. Bald stoßen wir an einer Wegekreuzung auf die Markierung Weißer Punkt, der wir nach rechts folgen. Erst führt der Weg durch dichten Wald, dann öffnet sich auf der rechten Seite der Blick nach Berglicht mit der über dem Dorf thronenden Kirche.

Der markierte Weg, dem wir weiter folgen, biegt in einem stumpfen Winkel nach rechts ab und wir nähern uns in einem weiten Bogen dem Dorf, bis wir die Landstraße

Immer wieder kann das Auge die Weite genießen

nach Heidenburg erreichen. Wir gehen etwa 50 m auf der Landstraße nach rechts, bis in der Kurve auf der gegenüberliegenden Seite ein Feldweg einbiegt. Dort gehen wir hinein und sofort wieder rechts hinunter zum Neubaugebiet von Berglicht. Jetzt können wir unseren Weg durch das schmucke Dorf suchen: Orientierungspunkt ist die Kirche, zu der es noch einmal steil hinaufgeht. In einigen Vorgärten sind Quarzbrocken wie Menhire aufgerichtet, so als ob die Bewohner heute noch die vorkeltischen Gottheiten beschwören wollten – und das in einem katholischen Wallfahrtsort! Oben an der Kirche (2.30 Std.), unserem Ausgangsort, können wir ›Unserer lieben Frau vom Berge‹ noch einen Besuch abstatten.

Wallfahrtskirche Maria Geburt in Berglicht

Die Kirche ist einer der zahlreichen Muttergotteswallfahrtsorte des Bistums Trier. Die ältesten Teile der Kirche stammen aus dem 12. und 13. Jahrhundert. Das Kirchenschiff wurde in den Jahren 1912/13 neu gebaut und erweitert. Wallfahrten sind aus dem Mittelalter bezeugt, schliefen aber Anfang des 20. Jh. ein. Erst seit den Kriegsjahren wird das Gnadenbild wieder angerufen. Die Marienstatue, ›Unsere liebe Frau vom Berge‹ genannt, wurde um 1750 geschaffen. Die junge, gekrönte Muttergottes hält das ebenfalls gekrönte, etwas pummelige Jesuskind. Das frühere Marienbildnis war auf unerklärliche Weise abhanden gekommen.

Riveris-Runde

Von der Riveris-Talsperre in den Osburger Hochwald und durchs Thielenbachtal zurück

Diese Wanderung führt uns dorthin, wo schon die Römer das Trink- und Badewasser für ihre Kaiserresidenz Trier gewonnen haben: ins Tal der Riveris, in der sich heute eine fast 5 Mio. Kubikmeter Wasser fassende Talsperre befindet.

DIE WANDERUNG IN KÜRZE

＋
Anspruch

Charakter: Leicht, aber mit einigen kurzen Steigunen.

Wanderkarte: WK 1:25000 Hermeskeil – Tor zum Hunsrück

3 Std.
Gehzeit

Einkehrmöglichkeiten: Gaststätten und Restaurants in Riveris. Unterwegs keine Möglichkeit.

12 km
Länge

Anfahrt: Mit dem PKW: Riveris ist von Trier über das Ruwertal erreichbar. In Trier-Ruwer abbiegen und über Mertesdorf und Kasel nach Waldrach fahren. Im Verkehrskreisel geradeaus weiter in Richtung B 52. Nach dem Ortsende von

Waldrach geht rechts ein kleines Sträßchen ab nach Riveris. Ganz durch Riveris hindurchfahren, bis zum Parkplatz am Ende des Weges. **Mit öffentlichen Verkehrsmitteln:** Vom Trierer Hauptbahnhof verkehrt stündlich die Buslinie 30 der Stadtwerke Trier nach Riveris. (Auf die Zielangabe Morscheid achten, da andere Busse der Linie nur bis Waldrach fahren.) Von der Haltestelle Riveris sind noch rund 30 Minuten Fußweg bis zum Ausgangspunkt der Wanderung zurückzulegen.

Riveris ist der Name eines Baches und eines Dorfes am Fuße des Osburger Hochwaldes, des nordwestlichsten Höhenkamms des Hunsrücks, bevor sich dieser ins Ruwer- und Moseltal hinabsenkt. Ruwer und Riveris klingen römisch – und das ist kein Zufall. Die Bachtäler

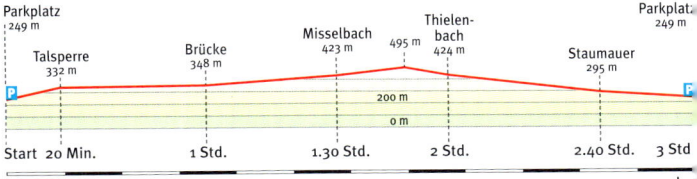

Parkplatz
249 m

Talsperre
332 m

Brücke
348 m

Misselbach
423 m

Thielen-
bach
424 m

495 m

Staumauer
295 m

Parkplat.
249 m

200 m

0 m

Start 20 Min.   1 Std.   1.30 Std.   2 Std.   2.40 Std.   3 Std

0   12 km

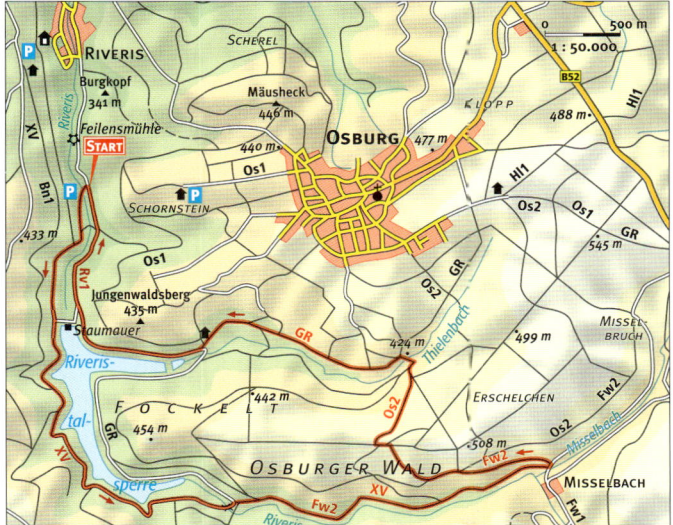

waren schon zur Römerzeit besiedelt, berichtet doch Ausonius in seinem Mosella-Gedicht, dass die Ruwer »in schwindelnden Wirbeln die kornzermahlenden Steine dreht und die kreischenden Sägen durch glatte Marmorblöcke zieht«. Mit ›Marmor‹ ist hier der grüne Diabasstein gemeint, der am Grüneberg zu Platten gesägt wurde, um damit die römischen Palastbauten in Trier zu verkleiden.

Eine Lebensader in Form einer fast 13 km langen Wasserleitung führte aus diesem Tal in die Kaiserstadt Colonia Augusta Treverorum, das heutige Trier. Und auch noch heute wissen die Trierer das Wasser aus dem Hochwald zu schätzen: Die Riveris-Talsperre ist ein wichtiges Trinkwasserreservoir der Moselmetropole.

Vom **Parkplatz** am Ende der Zufahrtsstraße zur Talsperre folgen wir dem Wegweiser ›Riveristalsperre-Rundweg‹. Auf der linken Seite des Baches geht es leicht bergauf

durch lichten Buchenwald. Nach einiger Zeit öffnet sich der Blick hinunter und wir erkennen, dass wir uns bereits oberhalb der **Talsperre** befinden (20 Min.).

Die Talsperre staut in zwei Armen die Riveris und den Thielenbach, wir blicken jetzt auf den Arm des Thielenbachs. Der Wasserspiegel der Talsperre schwankt, da während der niederschlagsreichen Zeiten im Winterhalbjahr das Wasser gesammelt wird, um es in der trockeneren Zeit der Bevölkerung bereitzustellen. Weil die Talsperre ausschließlich der Trinkwasserversorgung dient, sind alle Wassersportaktivitäten und andere Umweltbeeinträchtigungen streng untersagt. Der 50 m hohe Damm, der unter uns liegt, staut eine maximale Menge von 4,6 Mio. Kubikmeter Wasser. Der See hat eine Fläche von 220 000 Quadratmetern und ist bis zu 44 m tief.

Bald stoßen wir auf einen Weg mit der Markierung XV, dem wir

Die Riveris-Talsperre

stets einige Meter oberhalb der Wasserfläche folgen. Immer wieder bieten sich neue Ausblicke auf den schmalen, aber lang gestreckten künstlichen See. Besonders die reiche Vogelwelt, die sich hier ein Stelldichein gibt, beeindruckt. Mit ein wenig Glück ist sogar der Fischreiher zu beobachten.

Kurz nach dem Ende der Talsperre stoßen wir auf einen Schilderbaum, an dem wir uns links halten bis zur Brücke über die Riveris (1 Std.). Hier handelt es sich noch um den natürlichen Bach, wie er dem Hochwald entspringt, aber schon wenig weiter unten wird er aufgestaut. Hinter der Brücke folgen wir dem Wegweiser ›Sternfeld‹ und weiter unserer Markierung XV. Das Riveristal wird enger und wir können erleben, wie sich die Wässer der umliegenden bewaldeten Höhen im Talgrund sammeln.

Selbst nach längerer Trockenheit sprudeln die Quellen noch, da der Waldboden wie ein Schwamm die Feuchtigkeit aufsaugt und erst nach und nach wieder abgibt. Immer höher hinauf führt unser Weg, bis wir auf eine asphaltierte Waldstraße stoßen. Wir befinden uns in der Gemarkung **Misselbach** (1.30 Std.). Etwas weiter rechts musste vor Jahren ein einsam gelegener Bauernhof abgerissen werden, um das Trinkwasser in der Talsperre vor Verunreinigungen zu schützen.

Kurz vor der asphaltierten Waldstraße stößt ein Weg von oben in spitzem Winkel auf unseren bisherigen Pfad. Wir gehen dort hinauf, mit der Markierung F 2 in Richtung Osburg, und lernen nun die tiefen Wälder des Osburger Staatsforstes

kennen. Allerdings verlassen wir auch den Bereich der sicher geleitenden Markierungen. Nur vereinzelt sind stark verwitterte, kaum noch lesbare Zeichen zu erkennen, die wohl vor Jahrzehnten angebracht wurden.

Wir kommen an einer **Schutzhütte** vorüber, die oberhalb des Weges liegt. An der Wegekreuzung halten wir uns geradeaus auf dem oberen Weg, der uns immer höher hinauf zwischen den Kuppen Fockelt und Erschelchen hindurchführt. Als Geheimtipp sei verraten, dass diese Wälder im Herbst als besonders ergiebig an Steinpilzen und Pfifferlingen, aber auch an hochgiftigen Knollenblätterpilzen gelten.

An der nächsten Wegekreuzung, dem höchsten Punkt unserer Wanderung, gehen wir nach links. Nach rund 50 m biegt rechts ein Pfad ab, mit etwas Glück sind Reste der Markierung Os 2 zu erkennen. Diesem Weg folgen wir in einer Rechtskurve bergab, immer weiter hinunter, bis wir die Wiesen und Weiden im Tal des **Thielenbaches** erreichen (2 Std.).

Wir halten uns zunächst geradeaus, bis wir die andere Seite des Baches erreicht haben, dann biegen wir links in den Weg zwischen der Kuhweide und dem Waldrand ein, dem Wegweiser ›Riveristalsperre‹ und der Markierung GR folgend. Das untere Stück des Weges

geht quer über die Wiesen, bis wir den Stau des Thielenbaches und damit wieder den Uferweg der **Talsperre** erreichen.

Wir halten uns rechts, immer hoch über dem Stausee, bis wir unter uns die **Staumauer** erkennen (2.40 Std.). An der Sohle ist der Damm immerhin fast 200 m breit. Ein Betriebsweg führt auf den Damm, ist aber für den Publikumsverkehr geschlossen. Unterhalb des Damms erreichen wir die Talsohle und brauchen nach einigen Minuten nur noch aufs andere Bachufer hinüberzuwechseln, um dort unseren Ausgangspunkt am Ortsende von **Riveris** zu erreichen (3 Std.).

13

Tour

Falschmünzer auf der Hochburg

Von Kell durchs Wadrilltal zur Grimburg und ins Lautenbachtal

Die Wanderung lässt uns eine typische Hochwaldlandschaft mit dichten Wäldern erleben. Ziel ist die Grimburg. Münzfunde belegen, dass hier ein Falschmünzer für den Trierer Erzbischof und Kurfürsten Balduin arbeitete. Unklar ist nur, ob der fromme Herr davon wusste.

DIE WANDERUNG IN KÜRZE

+
Anspruch

Charakter: Leicht, aber lang

Wanderkarte: WK 1:25 000 Hermeskeil – Tor zum Hunsrück

3.30 Std.
Gehzeit

Einkehrmöglichkeiten: Unterwegs in der Gaststätte Grimburgerhof. Zahlreiche andere Gaststätten und Restaurants in Kell.

13 km
Länge

Bei Flugbetrieb ist auch das Clubhaus des Segelflugplatzes geöffnet.

Anfahrt: Kell liegt direkt an der Hunsrückhöhenstraße (B 407). **Mit dem Auto** in den Ort hineinfahren und am Rathaus oder am alten Bahnhof parken.

Kell am See ist ein aufstrebender Luftkurort, in der Keller Mulde zwischen Osburger und Schwarzwälder Hochwald gelegen. Erstmals erwähnt wird Kell in einer Urkunde des Diakons Grimo aus dem Jahre 634. Jener Grimo hat dann auch der benachbarten Burg und dem späteren ›Amt Grimburg‹ seinen Namen gegeben. Auch die Römer müssen das Gebiet schon gekannt haben. Zumindest wurde in Kell ein ›Jupitergigantenreiter‹ gefunden, offenbar eine römische Göttersäule und Weg-

weiser zugleich, der jetzt in einer kleinen Parkanlage in Kell aufgestellt ist. Direkt neben dem Keller Rathaus liegt der alte Bahnhof an der stillgelegten Strecke der Hochwaldbahn.

Vom **Keller Rathaus** gehen wir über die Schienen die **Hochwaldstraße** hinauf bis zum Ortseingang und halten uns an der **Hunsrückhöhenstraße** zunächst einige Meter links. Wo auf der anderen Seite eine Straße mündet, überqueren wir (Vorsicht vor schnellfahrenden Fahrzeu-

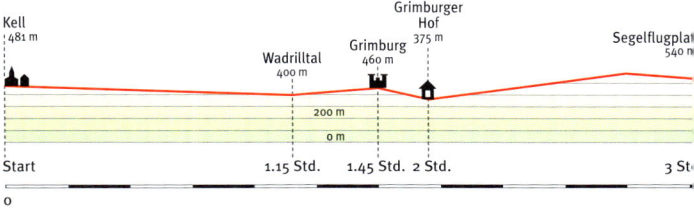

Kell
481 m

Wadrilltal
400 m

Grimburg
460 m

Grimburger
Hof
375 m

Segelflugpla
540 m

200 m

0 m

Start

1.15 Std.

1.45 Std. 2 Std.

3 St

0

Die Grimburg – Schauplatz eines Falschmünzerkrimis

gen!) die Hunsrückhöhenstraße und finden drüben die Markierung K 23 in Richtung Grimburg, der wir nun folgen. Bald macht die Straße nach Grimburg einen Knick nach links, wir halten uns jedoch weiter geradeaus. An einem **Kruzifix** gehen wir links vorbei auf dem Waldweg, immer dem Zeichen K 23 folgend. Durch dichten Fichtenwald geht es nun am Gübelberg vorbei immer weiter hinunter ins **Wadrilltal** (1.15 Std.).

Die Wadrill entspringt gar nicht weit entfernt von der Ruwer am Rösterkopf. Während die Ruwer den Weg zur Mosel nimmt, fließt die Wadrill entgegengesetzt zur Prims und schließlich zur Saar. Der Wanderweg an ihren Ufern ist mit WT gekennzeichnet. Der kleine Hochwaldbach kann sich nach langen Regenfällen zu einem reißenden Gewässer entwickeln, das schon einmal die Stege davonschwemmt.

Wir halten uns auf K 23/WT bachabwärts und gelangen bald über eine Brücke an das andere Ufer. Dort gehen wir weiter, bis wir vor den Häusern des Grimburgerhofes einen befestigten Weg erreichen, auf den wir in spitzem Winkel nach links hinauf einbiegen. Ein steiler Anstieg bringt uns zur **Grimburg** (1.45 Std.).

Die stattliche Ruine, heute gekrönt von einem wieder aufgebauten Bergfried, stammt aus dem 12. Jh. Vermutlich befand sich auf dem exponierten Felssporn über der Wadrill bereits ein keltischer Ringwall. Die Burg sollte das Erzstift Trier nach Süden verteidigen. Bei der Freilegung des Turmschachtes wurden 40 Silbermünzen aus dem Jahre 1349 gefunden, die aber allesamt gefälscht waren. Burgherr war zu je-

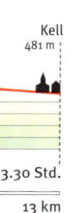

Kell
481 m

3.30 Std.

13 km

ner Zeit der Trierer Erzbischof und Kurfürst Balduin von Luxemburg, der hier auch seine Truppen sammelte, um gegen die widerspenstige Gräfin Loretta von Sponheim auf der Starkenburg vorzugehen. (Wie delikat sich diese Affäre entwickelt hat, ist bei Wanderung 4 nachzulesen.) Sollte der Kirchenmann auf der Grimburg auch eine Falschmünzerwerkstatt betrieben haben? Die Funde deuten jedenfalls darauf hin, dass hier ein Geldfälscher für die Kasse seines Herrn gewirtschaftet hat. Geviertelt wurde auf der Burg ein anderer: der Meier von Heddert, der um 1400 hingerichtet wurde. Zur Zeit der Hexenprozesse um 1590 diente der ›Hexenturm‹ als Gefängnis und Folterkammer. 1683 brannten Truppen des französischen ›Sonnenkönigs‹ Ludwig XIV. die Burg nieder. In

Am Parkplatz der Gaststätte finden wir die Markierungen K 23, SH (Wanderweg Schwarzwälder Hochwald) und das blaue Andreaskreuz (X) des **Europäischen Fernwanderwegs E 3**. Dieser 2300 km lange Weg verbindet die französische Atlantikküste bei Royan über Ardennen, Hunsrück, Taunus, Rhön und Fichtelgebirge mit dem Böhmerwald. Doch keine Sorge: Bevor wir den Atlantik erreichen, das heißt nach etwa anderthalb Kilometern, werden wir den Fernwanderweg wieder verlassen. Auf dem Hof der Gaststätte finden wir den Weg zwischen einem Schuppen und einer Hecke. Er führt hinunter zur Wadrill, die wir auf einem Steg überqueren. Drüben verläuft unser Weg weiter im Tal des **Lautenbaches**, das uns streckenweise recht steil wieder hinauf auf die Höhe bringt.

Wir erreichen oben im Wald eine Wegespinne, an der wir uns rechts in Richtung Kell halten. Bald knickt der Weg mit dem blauen Kreuz X und dem SH nach links ab, wir halten uns aber rechts auf der schmalen Waldstraße, weiter mit dem Zeichen K 23. Immer abwechselnd durch Laub- und Nadelwald gelangen wir zum **Segelflugplatz Kell** (3 Std.).

Nach Passieren des östlichen Endes des Flugplatzes biegt unser Weg nach links ab, immer weiter auf Markierung K 23. Am Betriebsgebäude und Clubhaus des Flugplatzes biegen wir wieder nach rechts ab und sehen jetzt Kell vor uns liegen. Wir steuern das markante **Windrad** des Busunternehmens Schieffer an, Dort überqueren wir wieder die **Hunsrückhöhenstraße** und gehen am Sägewerk vorbei hinunter zum Bahndamm. Mit wenigen Schritten nach rechts erreichen wir wieder unseren Ausgangspunkt, das **Keller Rathaus** (3.30 Std.).

den 1980er Jahren wurden die Ruinen gesichert, zugänglich gemacht und wieder mit einem Bergfried versehen, von dem sich ein weiter Rundblick vom Hochwald bis ins Saarland hinein öffnet.

Wir gehen nun auf jenem Weg, der uns heraufgebracht hat, wieder zurück und in die Hofsiedlung **Grimburgerhof** hinein, wo wir eine Gaststätte finden (2 Std.).

Tour 14

Hämmer, Hunnen und Hütten

Von Abentheuer über den Züscher Hammer zum ›Hunnenring‹

Diese Wanderung führt durch die Wälder des westlichen Hochwaldes und zu Überresten der frühen Industrialisierung: Ringsum wurde für die nahe angesiedelten Hüttenwerke Holzkohle gebrannt. Noch länger ist es her, dass die Kelten hier mächtige Festungen bauten. Eine der größten ist der ›Hunnenring‹ bei Otzenhausen.

DIE WANDERUNG IN KÜRZE

++
Anspruch

Charakter: Sehr lange Wanderung auf meist schattigen Wegen. Auf festes Schuhwerk achten.

6 Std.
Gehzeit

Wanderkarte: TK 1:50000 Naturpark Saar-Hunsrück

23 km
Länge

Einkehrmöglichkeiten: Unterwegs in der Köhlerhütte bei Neuhütten. Landhaus La Cachette mit Biergarten in Abentheuer.

Anfahrt: Von Birkenfeld aus über Brücken nach Abentheuer und durch den Ort hindurchfahren. Am Ortsende befindet sich auf der linken Seite ein Wanderparkplatz. Dort parken.

Hinweise: Proviant und etwas zum Trinken mitnehmen, da unterwegs nur eine Einkehrmöglichkeit.

Wer auf dieser Wanderung den Hochwald als einen weitläufigen, fast geschlossenen Forst mit naturnahen Mischwäldern erlebt, glaubt kaum, dass hier die moderne Industriegeschichte ihre Wurzeln hat. Ortsnamen wie Eisen, Neuhütten und Schmelz erinnern daran, dass hier bis ins 19. Jh. hinein Eisen geschmolzen und geschmiedet wurde. Als dann die Erz- und Kohlevorkommen an der Saar entdeckt wurden, wanderten Hüttenherren und -arbeiter ab an die Saar. Die Natur eroberte den Hochwald zurück. Heute erinnert nur noch wenig daran, dass der industrielle Aufschwung an der Saar seine Wurzeln in den kleinen Dörfern rings um Abentheuer hatte.

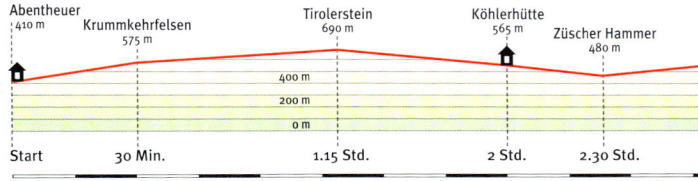

Auch Abentheuer ist ein alter Hüttenstandort. Der merkwürdig anmutende Ortsname ist nichts anderes als der Name einer Eisenhütte, die ja auch oft mit Namen wie ›Hoffnung‹ oder ›Prosper‹ (= Wachstum) belegt wurden. Die Reste der Abentheurer Hütte befinden sich hinter einem herrschaftlichen Park, der für die Öffentlichkeit nicht zugänglich ist. In der zugehörigen Villa leben die Nachkommen der Hüttendynastien Böcking und Stumm, die den industriellen Aufschwung an der Saar begründet haben.

Vom Wanderparkplatz **Abentheuer** aus folgen wir zunächst rund 1 km dem ›Erzweg‹ und der Markierung A 3 bergauf durch den lichten Wald. An der Wegekreuzung halten wir uns rechts in Richtung Neuhütten. Immer bergauf erreichen wir ein Felsmassiv, den **Krummkehrfelsen** (30 Min.). Wir folgen dem Weg immer weiter auf den Kamm hinauf. Dort, wo die Markierung A 3 nach links abzweigt, bleiben wir weiter geradeaus. Auf der Kammhöhe erreichen wir eine große Wegekreuzung und biegen links nach Neuhütten ab.

Nach etwa 200 m zeigt ein Wegweiser nach rechts zur ›Köhlerhütte‹ und wir finden die Markierung N 1. Diesem Weg folgen wir für die nächste Zeit. Bald erreichen wir den **Tirolerstein** (1.15 Std.). Die Gedenkstätte erinnert an einen Wanderhändler aus Tirol, der hier 1741 überfallen und erschlagen wurde.

Wir folgen weiter dem Weg N 1, der weitgehend auf dem Kamm des Dollberges verläuft. An einer Wegekreuzung weist das Schild ›Köhlerhütte‹ bergab. Unten erreichen wir ein Wege-T, an dem wir uns nach links orientieren. An der nächsten Wegekreuzung biegen wir nach rechts ab und erreichen bergab den Ortsrand von Neuhütten. An der Friedhofskapelle biegen wir nach links ab und gelangen etwas oberhalb der Ortslage zur **Köhlerhütte** (2 Std.), eigentlich eine Skihütte für das Wintersportgebiet am Dollberg, die aber auch im Sommer für die Wanderer geöffnet ist.

Von der Köhlerhütte gehen wir hinunter zur Straße, halten uns kurz rechts und biegen dann nach links ab. **Neuhütten** entstand einst als Waldarbeiter- und Köhlersiedlung und ist das höchst gelegene Dorf in Rheinland-Pfalz. Unten überqueren wir die Hauptstraße und folgen dem Weg Im Königsbach, der links neben dem Restaurant weiter hinabführt. Ganz unten, im Tal des Königsbachs, vollzieht der Weg eine S-Kurve und wir stehen vor den Ruinen des **Züscher Hammers** (2.30 Std.). Hier wurde bis um 1850 die größte Eisenhütte des Hochwaldes betrieben. Die Arbeiter kamen meist aus der Wallonie, so dass bis heute französisch klingende Namen

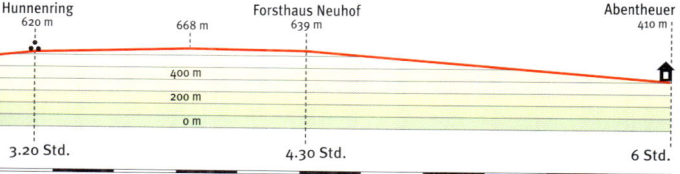

Hunnenring
620 m

Forsthaus Neuhof
668 m   639 m

Abentheuer
410 m

400 m

200 m

0 m

3.20 Std.   4.30 Std.   6 Std.

23 km

in Neuhütten sehr häufig sind. Ein kleines Kreuz erinnert an die Kapelle der Hüttenwerker, die evangelisch waren und das nahe liegende katholische Züsch mit seiner großen Kirche nicht betreten durften. Ein Förderverein hat das frühere Hammerwerk, angetrieben von einem Wasserrad, rekonstruiert, so dass die Arbeitsweise der frühindustriellen Zeit anschaulich nachvollziehbar ist.

Zurück gehen wir auf dem gleichen Weg, den wir gekommen sind. An den ersten Häusern von Neuhüt-ten biegt rechts ein Weg mit der Markierung N ab, dem wir jetzt folgen. Durch die lockere Siedlung führt uns der Weg zurück auf die Hauptstraße, der wir nach rechts etwa 200 m folgen. Hinter dem Ortsausgang biegt links ein Weg ab hinauf in den Wald. Hier stoßen wir auf die Markierung N 2, der wir folgen und die uns zum ›**Hunnenring**‹ bringt (3.20 Std.). Die mächtige Wallanlage, aufgetürmt aus Felsbrocken (und Holzbalken, die allerdings längst verrottet sind), hat nichts mit den Hunnen zu tun. Vielmehr han-

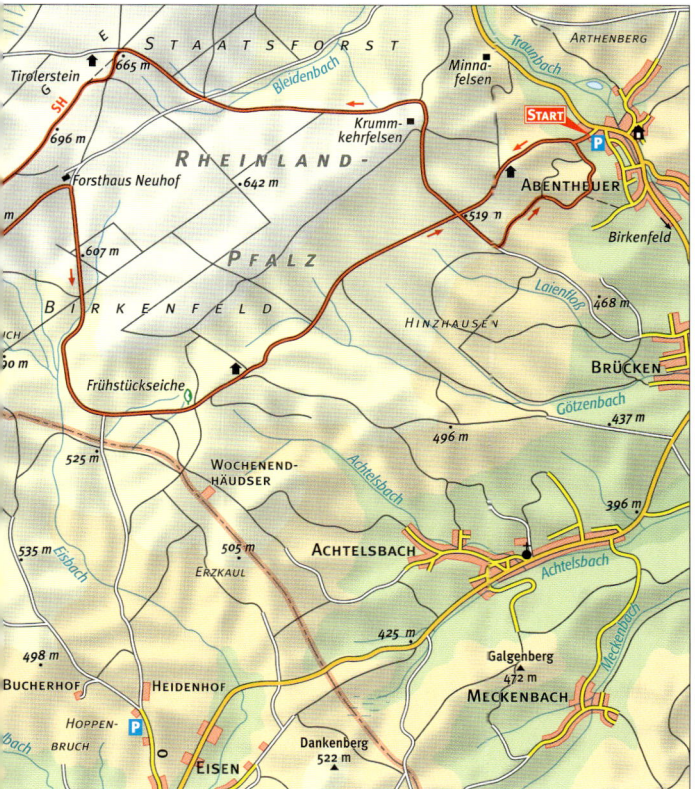

delt es sich um eine der größten, von den keltischen Treverern errichteten Fluchtburgen. Noch heute ist das System der weitläufigen Schutzmauern gut zu erkennen.

Wir gehen weiter auf dem Weg N 2, der uns wieder zurück über den Kamm des Dollberges bringt. Nach etwa 2,5 km verlassen wir diesen Weg nach rechts mit der Markierung Kreis. Nach etwa 250 m bergab stoßen wir auf einen Waldweg, dem wir nach links folgen, bis wir das ehemalige **Forsthaus Neuhof** (heute Privatbesitz) erreichen (4.30 Std.).

Am Forsthaus halten wir uns rechts und folgen wieder der Markierung A 3, die uns schon zu Beginn unserer Wanderung begleitet hat. In einem weiten Bogen führt der Weg durch den Birkenfelder Forst nach Abentheuer. An der Wegekreuzung, die wir schon vom Anfang kennen, biegen wir rechts ab und folgen auf den letzten Metern der Markierung A 2. Über freie Flur mit Ausblicken auf den alten Hüttenort erreichen wir schließlich wieder den Wanderparkplatz von **Abentheuer** (6 Std.).

15 **Tour**

Horbrucher Gipfelmühen

Durch den Horbrucher Wald zum Idarkopf

Diese Wanderung führt uns von den Wiesenauen des Idarbachs hinauf auf den Gipfel des Idarkopfes. Fast die gesamte Wanderung führt durch die dichten Forsten des Idarwaldes. Einer der beeindruckendsten Bäume weit und breit ist dabei die Kaiserreiche.

DIE WANDERUNG IN KÜRZE

++
Anspruch

Charakter: Mittelschwer wegen des langen Anstiegs zum Idarkopf

4 Std.
Gehzeit

Wanderkarten: WK 1:25 000 Wandergebiet Idarwald, TK 1:50 000 Der Soonwald

13 km
Länge

Einkehrmöglichkeiten: keine

Anfahrt: Mit dem Auto die Hunsrückhöhenstraße (B 327) bei Hirschfeld verlassen und weiter nach Horbruch fahren. Im Ort auf die Wegweiser zum Wanderparkplatz Marienmühle achten.

Die **Marienmühle** war einst eine Genossenschaftsmühle der Horbrucher Bauern, gelegen weit außerhalb des Dorfes am oberen Idarbach, der hier meist Altbach genannt wird. Vom Wanderparkplatz aus folgen wir geradeaus dem mit einem Dreieck markierten Nahe-Mosel-Weg, der über eine befestigte Forststraße sachte, aber stetig hinauf zum Kamm des Idarwaldes führt. Wir passieren die dichten Fichtenbestände des Horbrucher Waldes, die einst noch unter preußischer Herrschaft gepflanzt wurden. Immer höher hinauf führt uns das Wanderzeichen, bis wir den Kamm des Idarwaldes (1.30 Std.) erreichen. Hier haben wir bereits stolze 265 Höhenmeter überwunden – sind aber noch immer nicht ganz oben.

Auf dem Kammweg halten wir uns links und haben noch den Anstieg zum Gipfel des **Idarkopfes** (746 m) zu

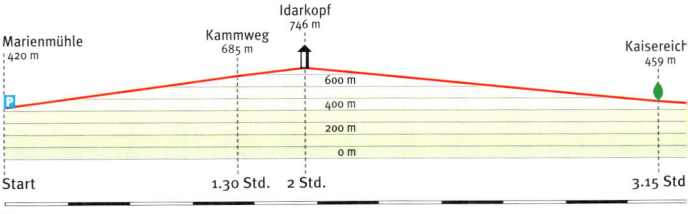

Marienmühle
420 m

Kammweg
685 m

Idarkopf
746 m

600 m

400 m

200 m

0 m

Kaisereich
459 m

Start

1.30 Std. 2 Std.

3.15 Std

0

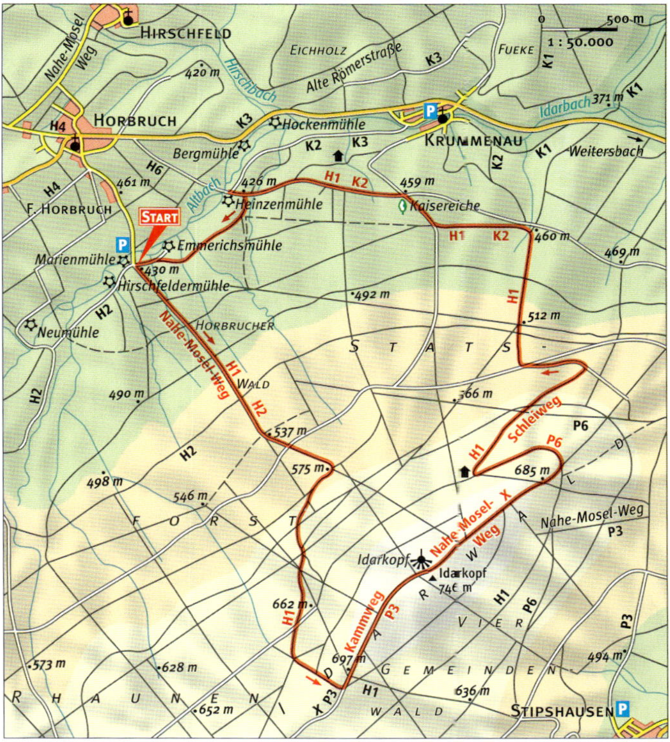

bewältigen (2 Std.). Schnell ist der 28 m hohe Aussichtsturm bestiegen. Der Blick reicht von den Vulkankegeln der Eifel über den Erbeskopf, das Nordpfälzer Bergland und den Donnersberg bis zum Taunus.

Am Aussichtsturm gehen wir geradeaus weiter, noch immer dem Dreieck folgend. Am Ende des befestigten Weges weist die Markierung P 6 geradeaus, der wir jetzt weiter folgen.

In einem weiten Bogen führt der Weg wieder am nördlichen Abhang des Idarwaldes hinunter. Wir stoßen bald auf die Markierung H 1, der wir auf dem gesamten restlichen Weg folgen. An einer Schutzhütte wenden wir uns in spitzen Winkel nach rechts und gelangen über den ›Schleiweg‹ immer tiefer bis zur Kreisstraße von Krummenau nach Weitersbach. Hier halten wir uns links, bis wir die **Kaisereiche** erreichen (3.15 Std.), einen mächtigen Baum, der sich jedenfalls als erheblich standhafter erwies als derjenige, den er einmal ehren sollte.

Wir folgen weiter dem Weg H1 und erreichen an der **Heinzenmühle** (3.30 Std.) wieder das Tal des Idar-bachs. An einer Scheune ist die Jahreszahl 1819 zu lesen, die Mühle besteht aber bereits seit mehr als 200 Jahren. Der Mahlbetrieb wurde 1930 eingestellt.

Ausblicke vom Idarkopf nach Norden

Ein kurzes Stück gehen wir zurück, um dann nach rechts mit der Markierung H 1 die Emmerichsmühle zu erreichen. Hier ließ das Wasser des Idarbachs ein Sägegatter rattern, bis in die 1930er Jahre wurde auch eine Wollspinnerei betrieben. Schließlich erreichen wir wieder die **Marienmühle** und den Wanderparkplatz (4 Std.)

Tour 16

Heilige Geister am Idarkopf

Von Stipshausen durch das Kappelbachtal zum Gipfel des Idarkopfes

Quellheiligtümer und Kapellenruinen verstecken sich an den Waldhängen des Idarkopfes. Kelten und Römer verehrten hier die Quellgöttin Sirona. Freien Geist und weiten Horizont gewinnt, wer den Turm auf dem Idarkopf besteigt.

DIE WANDERUNG IN KÜRZE

+
Anspruch

3 Std.
Gehzeit

10 km
Länge

Charakter: Leichte Wanderung, aber mit einigen Steigungen

Wanderkarte: WK 1:25 000 Wandergebiet Idarwald, TK 1:50 000 Naturpark Saar-Hunsrück

Einkehrmöglichkeiten: Gaststätten nur in Stipshausen, unterwegs keine Möglichkeit

Anfahrt: Stipshausen ist **mit dem Auto** über die Bundesstraße 50 zu erreichen. Die B 50 an der Abfahrt Flugplatz Hahn/Büchenbeuren verlassen und über Laufersweiler und Rhaunen nach Stipshausen fahren. Dort von der Hauptstraße dem Wegweiser zum Sportplatz folgen und hier parken.

Das beschauliche Stipshausen am Fuße des Idarkopfes hat auf Künstler wohl immer wieder anregend gewirkt. Jedenfalls gehört die evangelische Pfarrkirche mit ihrer barocken Ausmalung zu den kunstgeschichtlich bedeutendsten Hunsrück-Kirchen. Ein wenig damit wetteifern möchte die nur etwas jüngere katholische Maternus-Kapelle mit ihrem reichen Farbenschmuck. Doch auch ein Künstler der Neuzeit hat sich in Stipshausen niedergelassen: der Edelsteingestalter Bernd Munsteiner, der mit seinen Kreationen immer wieder weltweites Aufsehen erregt. Ein wenig von der anregenden Atmosphäre wollen wir heute kennen lernen – und vielleicht auch eine Ahnung von jenen heiligen Geistern er-

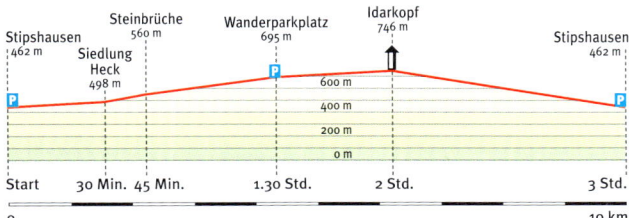

76

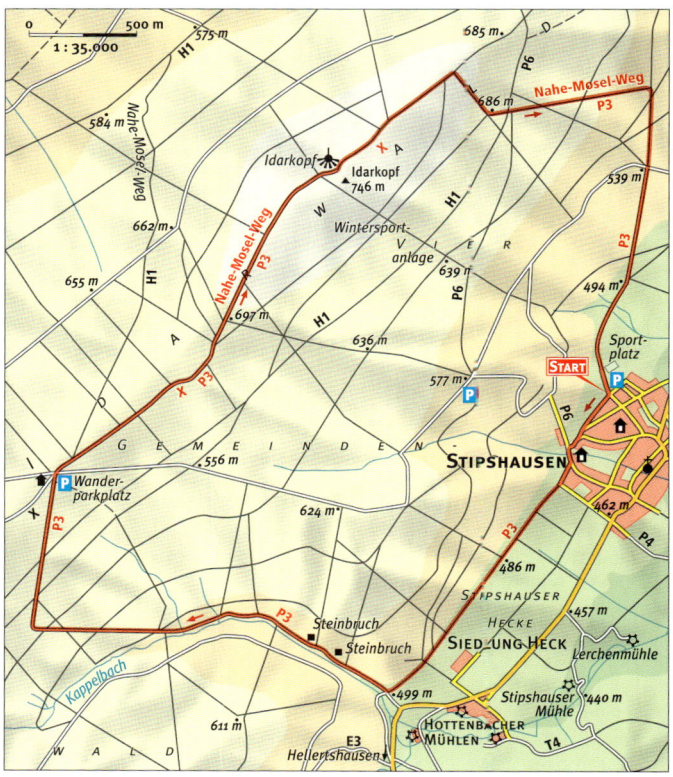

haschen, die hier seit Menschengedenken Gutes bewirken sollen.

Wir beginnen mit unserer Wanderung am **Stipshausener Sportplatz.** Wir gehen zurück zur Einfahrt und biegen nach rechts in den Weg ein, der nur für ›Anlieger frei‹ ist. Rechter Hand finden wir einen Wegweiser mit unserem Wanderzeichen P 3 ›Idarkopf-Rundweg/Forsthaus‹. Diesen Weg gehen wir zwischen der Häuserzeile und dem Waldrand entlang. Am Ende biegen wir nach rechts in die Heidestaße. Nach etwa 50 m gelangen wir an die Schulstraße, die wir links hinuntergehen, vorbei am Picknickplatz Sängerbu-

chen. Nach dem Waldspielplatz biegen wir rechts in den Waldweg ein und folgen dem Wegweiser zu den Hottenbacher Mühlen.

Vorbei am jüdischen Friedhof erreichen wir den Waldrand. Nach unten haben wir einen weiten Blick auf die Flur zwischen Stipshausen und der **Siedlung Heck**, einem Bauernhof, an dem w r etwas oberhalb vorübergehen (3ɔ Min.). Noch etwa 300 m gehen wir durch den Wald, bis wir eine Wegkreuzung erreichen. Wir wandern jetzt rechts hinauf. Links vom Weg stürzen die Wasser des Kappelbaches zu Tal, um schließlich im Idarbach zu münden. Früher trieben sie die Wasserräder der Hottenbacher Mühlen an. Mehrere alte **Steinbrüche** rechts des Weges gewähren tiefe Einblicke in die Erdgeschichte (45 Min.).

Immer weiter bergauf überschreiten wir bald die 600-m-Grenze und erreichen das Quellgebiet des Kappelbaches, dessen Name von ›Kapellen‹-Bach abgeleitet wird. In alten Karten finden wir noch einen anderen Namen für diesen Walddistrikt: ›Heiliggeist‹. Die Sage berichtet von einem Kloster, das hier gewesen sein soll. Sogar von einem unterirdischen Gang ist die Rede, der bis nach Stipshausen geführt haben soll. Und die Hottenbacher Ortschronik vermeldet, dass die Katholiken dort oben ihr Taufwasser geholt haben.

Tatsächlich sind nach schwieriger Suche noch letzte Mauerreste einer Kapelle zu finden. Hier führten im Mittelalter wichtige Handelswege von Herrstein und Hottenbach über den Idarkopf und dann hinunter zur Mosel. Eine Kapelle hat es hier im frühen Mittelalter also tatsächlich gegeben, sie war aber offenbar schon seit dem 16. Jh. dem Verfall überlassen. Der Name ›Heiliggeist‹ hat sich jedoch bis heute gehalten.

Zufall oder nicht – jedenfalls wurde nur wenige hundert Meter weiter, auf der anderen Seite des Gipfelkamms, ein gallo-römisches Bad mit Quellheiligtum gefunden. Zwei Plastiken konnten hier geborgen werden: Eine lebensgroße Steinfigur verkörpert die Quellgöttin Sirona, eine männliche Statue den Gott Apollo Grannus. Beide Figuren werden im Rheinischen Landesmuseum Trier aufbewahrt. Sirona und Apollo haben wohl auf ihre Art für das Wohlergehen der Badenden gesorgt und die Lebensgeister von Kelten und Römern geweckt.

Ohne große Sorge vor all diesen Geistern im tiefen Wald gehen wir auf unserem Weg, der bald einen Knick macht, weiter hinauf auf die Kammhöhe, die wir am **Wanderparkplatz Idarkopf** (mit Schutzhütte) schließlich erreichen (1.30 Std.). Hier stoßen wir auch auf den Europäischen Fernwanderweg E 3 Atlantik–Ardennen–Böhmerwald, gekennzeichnet mit dem blauen Andreaskreuz. Wir gehen geradeaus über die Straße und folgen drüben dem Wegweiser zum Aussichtsturm und dem blauen Andreaskreuz. Immer weiter hinauf führt der Weg, bis wir den östlichsten Gipfel des Idarwalds, den **Idarkopf** (746 m) erreichen (2 Std.). Ein 28 m hoher **Aussichtsturm** aus Holzbalken verschafft uns eine geeignete Plattform, um über die Baumwipfel hinweg ringsum alle Horizonte zu sehen: Von den Vulkankegeln der Eifel über den Erbeskopf, das Nordpfälzer Bergland und den Donnersberg bis zum Taunus reicht der Rundumblick.

Am Aussichtsturm gehen wir geradeaus weiter, noch immer dem Andreaskreuz und P 3 folgend. Nach etwa 600 m macht der Weg einen scharfen Knick nach rechts und steil geht es jetzt den Südabhang des Idarkopfes hinunter. Bald trennen sich Andreaskreuz und P 3; wir bleiben immer weiter bergab auf dem Weg P 3, der noch einmal eine scharfe Rechtskurve vollzieht. Schließlich erreichen wir an der Kreuzung mit einem Waldsträßchen eine einzeln stehende Buche, unter der sich eine Ruhebank befindet. Hier halten wir uns weiter geradeaus auf dem Waldweg. Vorbei an einigen kleinen Teichen gelangen wir zum Sportplatz von **Stipshausen** und damit an den Ausgangspunkt unserer Wanderung zurück (3 Std.).

Morbacher Moor-Tour

Eine Wanderung zu den Quellmooren des Idarwaldes

Die ›Hangbrücher bei Morbach‹, Quellmoore am Nordwesthang des Idarwaldes, stehen unter strengem Naturschutz. Sie sind wichtige Rückzugsgebiete seltener Tiere und Pflanzen. Die Wanderung führt uns auf über 700 m Höhe und lässt uns erleben, dass ein Moor alles andere ist als ›armes‹ und wertloses Land.

DIE WANDERUNG IN KÜRZE

+
Anspruch

3.30 Std.
Gehzeit

12 km
Länge

Charakter: Leicht, aber mit lang erscheinenden Passagen

Wanderkarten: WK 1:25 000 Wandergebiet Morbach, TK 1:50 000 Naturpark Saar-Hunsrück

Einkehrmöglichkeiten: Steinbachschenke in Langweiler

Anfahrt: Mit dem Auto von der Hunsrückhöhenstraße B 327 nach Morbach abbiegen und in Richtung Bruchweiler/Herrstein fahren. Nach dem südlichen Ortsausgang von Morbach (ehemaliger Bahnhof und Sägewerke) die Hinweisschilder nach rechts zum ›Wanderparkplatz/Rodelbahn‹ beachten und bis zum Parkplatz des Erholungswaldes Ortelsbruch fahren.

Im **Erholungswald Ortelsbruch** merken wir kaum die Nähe des sich arg kleinstädtisch gebenden Morbach, jenes Ortes, in dem 1890 der Hunsrückverein gegründet wurde. Statt Shopping locken hier draußen Grillhütten, Wassertretbecken, Trimm-Parcours, Waldlehrpfad, Abenteuerspielplatz und im Winter sogar eine Rodelbahn. Doch nicht deswegen sind wir hergekommen. Eine besondere Wanderung mit naturkundlichem Einschlag wartet auf uns, eine ›Morbacher Moor-Tour‹.

In den Wäldern an den Nordwesthängen der Hunsrückkämme verstecken sich nämlich die so genannten ›Hangbrücher‹ oder Quell-

moore, ganz einzigartige Biotope und Rückzugsgebiete seltener Pflanzen und Tiere. Viele sind aus Naturschutzgründen gesperrt und zum Schutz vor dem Wildverbiss eingegattert. Einige Beispiele werden wir unterwegs kennen lernen.

Wir gehen zunächst auf dem Waldweg weiter, der uns auch zum Parkplatz geführt hat. Wir folgen dem Wegweiser nach Langweiler und dem Wanderzeichen 8, das während der ersten Hälfte identisch ist mit dem blauen Andreaskreuz des **Europäischen Fernwanderweges E 3** Atlantik–Ardennen–Böhmerwald. Schon bald fordert das Zeichen zum Verlassen des Wirt-

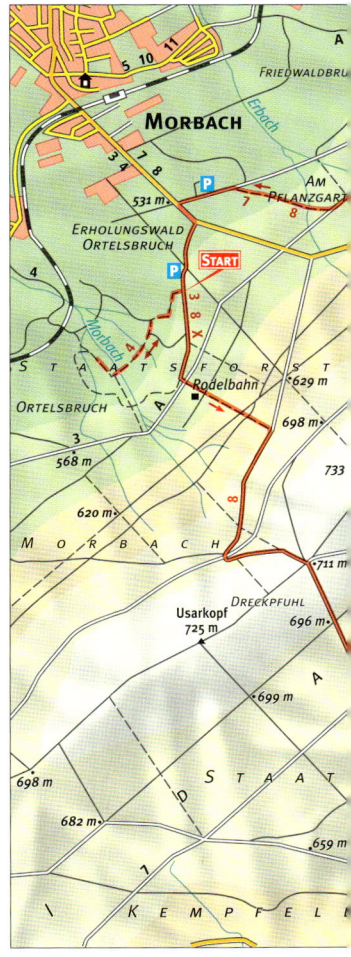

schaftsweges auf, wir klettern links eine steile Waldschneise hinauf (die bei Schnee auch als Rodelbahn genutzt wird). Schon hier sehen wir immer wieder feuchte, sumpfige Stellen. Unser Pfad stößt schließlich wieder auf einen Forstweg, in den wir rechts einbiegen. Gelegentlich lassen uns die Bäume freies Blickfeld zum letzten Höhenzug vor dem Moseltal, dem Haardtkopf. Wir gelangen immer höher hinauf, bis schließlich wir das Plateau des **Usarkopfes** (724 m) und damit den Kamm des Idarwaldes erreichen (45 Min.).

Nun geht es wieder in einer langen Geraden hinunter durch lockeren Mischwald. (An heißen Tagen sollte bedacht werden, dass auf dieser Strecke für fast eine Stunde kein Schatten zu finden ist.) Schließlich steigt der Weg wieder ein wenig an, und unsere Markierung 8 vereinigt sich mit der 7, immer noch in Richtung Langweiler. Der Wald wird dichter und jetzt spenden die Fichten den schon lange ersehnten Schatten.

Am **Forsthaus Langweiler** verabschieden wir uns vorübergehend von der Markierung 8, die noch einen weiten Abstecher rund um die Steinbachtalsperre macht. Auch den Europäischen Fernwanderweg müssen wir den Weitwanderern überlassen. Unser Weg folgt gera-

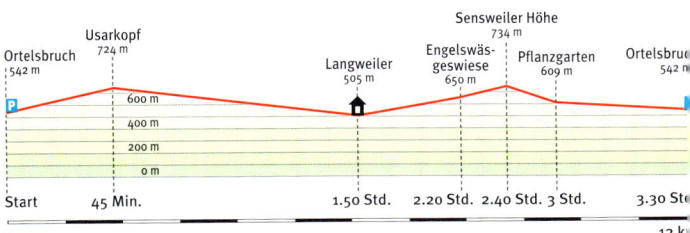

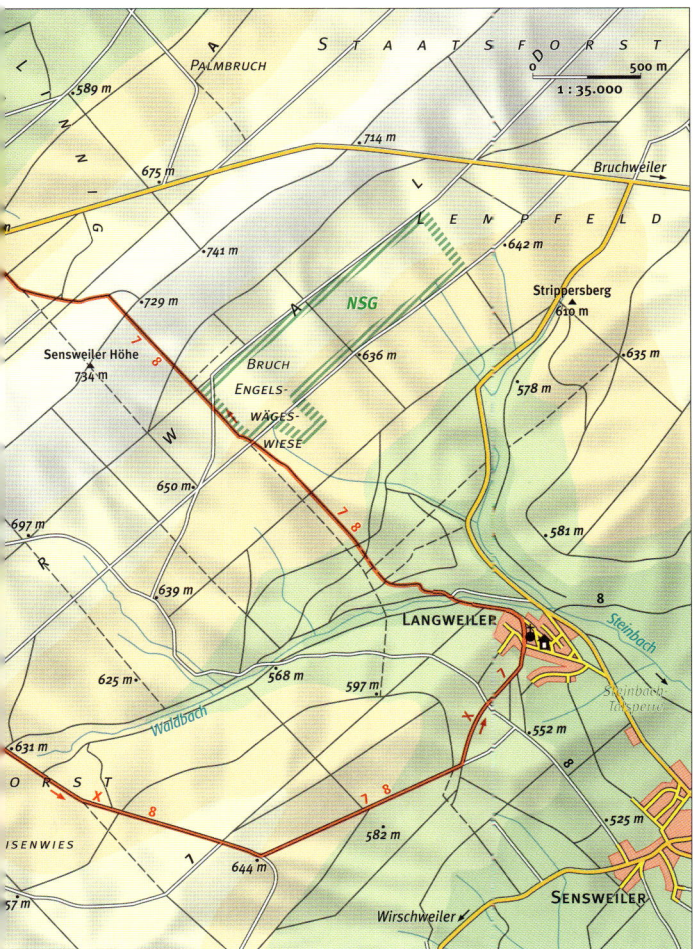

deaus der Markierung 7 in den Ort hinein (1.50 Std.). **Langweiler,** ein abgeschiedenes Dörfchen mit rund 300 Einwohnern, früher wohl meist von Waldarbeitern und Edelstein- schleifern bewohnt, gilt heute als Geheimtipp bei ›Stadtflüchtigen‹.

Von unserem Weg blicken wir auf die blaue Fläche der Steinbachtal- sperre, über der wir den spargel-

gleichen Aussichtsturm auf der Wildenburg erkennen. 5 Mio. Ku- bikmeter Trinkwasser kann der Stausee fassen. Vor allem die Stadt Idar-Oberstein wird von hier ver- sorgt. Und die Talsperre verrät zu- gleich etwas über die Funktion der Wälder und Moorgebiete ringsum: Sie sind riesige, natürliche Wasser- speicher, die nicht nur das vor uns

liegende Becken immer wieder auf-
füllen, sondern auch dafür sorgen,
dass die Hunsrückbäche nicht aus-
trocknen.

Im Ort halten wir uns links und
folgen dem Bogen, den die Straße
hier beschreibt, bis wir wieder auf
das Zeichen 7 stoßen. Der Weg
führt bald in einem spitzen Winkel
nach links (Köhlerweg), noch an einigen Häusern vorbei, und schon
hat uns der dichte Wald wieder aufgenommen. Nach etwa 300 m treffen wir wieder auf unsere alte Markierung 8, die von rechts kommend
unseren Weg erreicht. Wir folgen
jetzt der Markierung 7/8 in Richtung Morbach.

Nach etwa eineinhalb Kilometern
des beharrlich ansteigenden Weg-

es liegt rechter Hand das **Bruch En-
gelswäsgeswiese** (2.20 Std.). Das
auf rund 650 m Höhe gelegene
Moor ist rund sieben Hektar groß.
Hier wachsen das seltene Torfmoos
Sphagnum magellanici, die noch
seltenere Segge Carex binervis, der
Siebenstern, die Moosbeere und
der Rundblättrige Sonnentau. Dieses Moor ist noch gut bewässert,
teils mit Erlen und Birken bestan-
den, teils baumfrei mit hochmoor-
ähnlichem Charakter.

Weiter geht unser Weg, bis wir
wieder den Kamm des Idarwaldes erreichen, diesmal an der **Sensweiler
Höhe** (734 m – 2.40 Std.). Immer auf
den Markierungen 7 und 8 geht es
jetzt wieder steil hinunter, bis wir an
der Straße Morbach–Bruchweiler an-

Blick von Langweiler auf die Steinbach-Talsperre

Naturlehrpfad im Erholungsgebiet Ortelsbruch

kommen. Wir überqueren die Straße, halten uns etwa 20 m nach rechts und dann weiter auf dem Wanderweg bis zum **Pflanzgarten** (3 Std.).

An einer schon fast parkähnlichen Waldwiese mit einigen großen Bäumen treffen wir auf einen befestigten Waldweg, in den wir nach links abbiegen. Am Forsthaus vorbei gelangen wir wieder zur Landstraße. Auf der anderen Seite treffen wir parallel zur Straße auf einen Pfad mit der Markierung 8 und dem uns vom Anfang bekannten blauen Andreaskreuz. Wir halten uns links und biegen nach etwa 50 m rechts in den Zufahrtsweg zu unserem Parkplatz ein, wo wir wieder das **Erholungsgebiet Ortelsbruch** erreichen (3.30 Std.).

Wer noch nicht ganz am Ende seiner Kräfte ist, hat jetzt noch zwei Möglichkeiten: erstens die Füße im Wassertretbecken des **Nixenweihers** abzukühlen. Zweitens noch einmal einen Blick in das **Ortelsbruch** zu werfen, ein sechs Hektar großes Moor, das mit mehreren Knüppeldämmen als ›Lehrbiotop‹ zugänglich gemacht wurde. Hier kommt sogar der äußerst seltene Königsfarn vor – und wer ein gutes Auge hat, kann ihn vom Holzsteg aus entdecken. Der Nixenweiher ist in gut 15 Min. vom Parkplatz aus zu erreichen (auf der Markierung 4/Schmausemühle). Das Ortelsbruch liegt unterhalb des Weihers, ebenfalls über Weg 4 aufzufinden.

Von Felsen und Festungen

Von Mörschied zur Mörschieder Burr und zum Wildenberger Rücken

Härtlingsrücken aus Taunusquarzit bilden im westlichen Hunsrück ein bestimmendes Landschaftselement. Oft ist der Quarzit zu abenteuerlichen Felsgebilden verwittert, wie wir es an der Mörschieder Burr erleben. Schon die Kelten wussten den Schutz dieser Felsen zu suchen, und bauten eine Fliehburg auf dem Wildenburger Kopf.

DIE WANDERUNG IN KÜRZE

++
Anspruch

Charakter: Mittel, mit langem Anstieg und kurzer Kletterpartie an der Mörschieder Burr

3 Std.
Gehzeit

Wanderkarten: WK 1:35 000 Deutsche Edelsteinstraße, TK 1:50 000 Naturpark Saar-Hunsrück

9 km
Länge

Einkehrmöglichkeiten: Gaststätten in Mörschied und auf der Wildenburg

Anfahrt: Mit dem Auto über die Hunsrückhöhenstraße B 327. Am ›Stumpfen Turm‹ (nahe Morbach) abbiegen nach Hinzerath und weiter nach Bruchweiler und Kempfeld. Dort in Richtung Herrstein fahren und hinter der Asbacher Hütte rechts hinauf nach Mörschied. Ganz durch den Ort durchfahren und am Beginn der Kempfelderstr. parken. Aus dem Nahetal (B 41): in Fischbach abbiegen und über Herrstein in Richtung Kempfeld fahren. An der Straßenkreuzung Weiden/Mörschied links nach Mörschied hinauf und weiter wie oben.

Natürliche und von Menschenhand geschaffene Felsenfestungen werden wir auf unserer Wanderung kennen lernen. Von Otzenhausen bis zum Fischbachtal zieht sich ein Härtlingskamm aus unter-devonischem Taunusquarzit, der Wildenburgrücken. Immer wieder überrascht dieser Höhenzug mit abenteuerlichen Felsformationen und ausge-

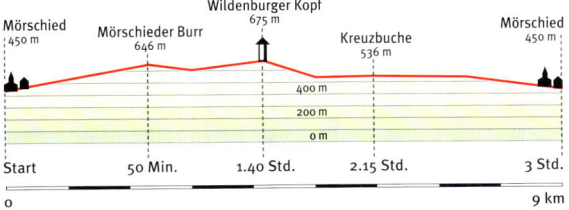

Mörschied 450 m · Mörschieder Burr 646 m · Wildenburger Kopf 675 m · Kreuzbuche 536 m · Mörschied 450 m

400 m · 200 m · 0 m

Start · 50 Min. · 1.40 Std. · 2.15 Std. · 3 Std.

0 · 9 km

dehnten Felsenmeeren. Die natürlichen Felsenfestungen boten unseren keltischen Vorfahren besten Schutz, so dass sie einige der Gipfel zu Fliehburgen mit Ringwällen ausbauten, zum Beispiel den Otzenhausener ›Hunnenring‹, den Ringkopf bei Al-

lenbach (siehe Wanderung 23) und eben die Wildenburg. Letztere war so attraktiv, dass im Mittelalter direkt neben der keltischen Wallanlage eine Burg entstand, die dem Trierer Kurfürsten Balduin gehörte und nach dem Dreißigjährigen Krieg zerstört

Blick von der Mörschieder Burr über die Hunsrückhochfläche

wurde. Unser Weg wird uns ein gutes Stück über diesen Wildenburger Rücken führen.

In **Mörschied** biegen wir in die **Kempfelder Straße** ein und folgen dem Wanderzeichen M 1. Immer aufwärts verlassen wir den Ort und kommen an einem Bauernhof vorbei, bis uns das Zeichen M 1 und der Wegweiser ›Mörschieder Burr‹ zum Verlassen des Wirtschaftsweges nach links auffordern. Bevor uns der Wald aufnimmt, schauen wir noch einmal zurück zu den Gipfeln des Soonwaldes, die den Horizont begrenzen.

Im Wald stoßen wir auf den Weg W 3/M 2, dem wir nach rechts folgen. Nach etwa 200 m biegen wir wieder nach links ab und orientieren uns jetzt am H (Hauptwanderweg des Hunsrückvereins), das allerdings aufgrund starker Verwitterung nicht immer zu erkennen ist. Durch lichten Buchenwald geht es jetzt steil hinauf auf die Mörschieder Burr. Einige Geröllhalden und Trümmerblöcke sind nur das optische Vorspiel für das, was uns auf der Höhe erwartet.

Dort stoßen wir auf den Wegweiser ›Gratweg‹, dem wir aber nicht folgen. Wir wählen den Pfad nach rechts, der uns über einige Steinstufen und Felsen steil hinauf auf den Gipfelgrat der **Mörschieder Burr** (646 m) führt (50 Min.).

Variante: Wer sich die folgende Kletterei ersparen will, folge unten dem Schild ›Gratweg‹ und dem Zeichen H.

Oben bietet sich ein eindrucksvolles Bild: weithin verstreute Felsblöcke, zwischen denen sich mächtige Buchen und Eichen festklammern. Die Burr ist die östlichste Bastion des Wildenburgrückens. Da dieser Quarzitriegel wesentlich härter ist als die umgebenden Sedimentgesteine (Schiefer), witterte er im Laufe der Erdgeschichte regelrecht heraus und prägt heute das Landschaftsbild. Die Eiszeiten haben den Taunusquarzit an vielen Stellen zu Blöcken und Trümmern aufgesprengt, wie wir auf der Mörschieder Burr gut beobachten können, wenn wir auf dem Grat weiter bis zum höchsten Punkt klettern. Bei klarem Wetter reicht die Sicht über Idar-Oberstein bis hinüber zum nordpfälzischen Donnersberg. Viele der Felsblöcke sind mit Moosen und Flechten besetzt, Hinweise auf die exponierte klimatische Lage.

Unter uns zieht sich am Hang eine etwa hundert Meter lange Blockhalde (auch ›Rossel‹ genannt) hinunter, die ebenfalls natürlichen Ursprungs ist. Wir klettern über den Steilhang hinunter und benutzen die Felsblöcke wie Tritte einer Treppe, bis wir wieder auf den Weg H stoßen. Diesem Weg folgen wir nach rechts in Richtung Wildenburg und erreichen den Sattel zwischen Burr und Wildenburger Kopf.

Wir halten uns immer auf dem Grat, der jetzt wieder ansteigt, und stoßen auf den Wegweiser ›Felsenpfad‹ und das Zeichen W 1. Über den **Felsenpfad,** der seinem Namen alle Ehre macht, gelangen wir auf den Kamm des Wildenburger Kopfes und zum **Hexentanzplatz,** einem Felsenplateau. Bei genauem Hinsehen sind zwei Steinwälle zu erkennen, die vor 2300 Jahren eine **keltische Fliehburg** gesichert haben.

Der **Wildenburger Kopf** ist mit 674 m einer der höchsten Gipfel des Wildenburgrückens (1.40 Std.). Auf einer exponierten Felsenklippe steht ein **Aussichtsturm,** der sich so zierlich auf dem kühnen Massiv aufbaut, dass man meint, jeden Moment das Abstürzen befürchten zu müssen. Der 22 m hohe Turm wurde 1981 vom Hunsrückverein gebaut und ist weithin an der Spargelform (Spötter ziehen auch den Vergleich mit einem Phallus.) zu erkennen. Nach Norden reicht der Blick bis in Eifel und Ardennen, nach Osten bis zum Taunus, und im Südosten erkennen wir noch einmal den markanten Vulkankegel des Donnersberges, auf dem sich ebenfalls (kein Zufall!) ein keltischer Ringwall befand.

Wir steigen hinunter zur **Burggaststätte** und zum **Wildfreigehege.** Zum weiteren Weg gehen wir am Torbogen der Burganlage nach links und folgen dem mit H markierten Weg steil bergab. Wir stoßen auf einen Waldlehrpfad mit der Bezeichnung **Teufelsgraben**. Mit diesem Namen hat sich ein Förster von der Wildenburg ver-

ewigt, wie zumindest der Volksmund berichtet. Eines Tages wollte der Teufel den Förster mit der Bitte um eine Zigarette ins Gespräch verwickeln. Der hatte aber sein Schießpulver im Tabaksbeutel versteckt, den er dem Teufel hinreichte. Der drehte sich nichts ahnend mit der Tabak-Sprengstoff-Mischung einen Qualmstengel. Und als er genussvoll den ersten Zug nehmen wollte, ging alles in einer Stichflamme auf, die den Beelzebub so erschreckte, dass er schnell das Weite suchte. Die Moral von der Geschicht: »Der Förster von der Wildenburg / war ein richt'ger Förster durch und durch.«

Der H-Weg stößt bald auf eine Wegespinne mit einer Schutzhütte. Wir verabschieden uns vom H und folgen nun dem geschotterten Weg nach links in Richtung Mörschied, immer auf etwa gleicher Höhe blei-

Rekonstruiertes Teilstück des alten Keltenwalls im Bereich des Wildenburger Kopfes

bend. Nach etwas über 1000 m erreichen wir die **Kreuzbuche** (2.15 Std.). Der Baum, der dieser Wegekreuzung den Namen gab, steht nicht mehr, dafür finden wir eine weitere Schutzhütte. Wir bleiben in unserer Richtung und wählen den linken Weg, der mit einem Radwanderzeichen markiert ist. Links über uns erkennen wir noch einmal die Felsklippen der Mörschieder Burr. Wir halten uns immer geradeaus, bis sich am Wenzelwald der Weg hinunter nach **Mörschied** senkt. Am Sportplatz vorbei gelangen wir ins Dorf und erreichen wieder unseren Ausgangspunkt (3 Std.)

Wildenburg

Nacheinander befanden sich auf dem Gipfel mit weiter, strategisch wichtiger Rundumsicht eine keltische Fliehburg (3. bis 1. Jh. v. Chr.), ein römisches Heiligtum, eine spätrömische Befestigung, eine mittelalterliche Burg (14. bis 17. Jh.) und ein Forsthaus. Heute finden wir in den auf mittelalterlichen Grundmauern ruhenden Gebäuden die Burggaststätte und den Sitz des Hunsrückvereins, gekrönt vom neuen Aussichtsturm. Etwas weiter unterhalb befindet sich der Eingang zum Wildfreigehege, in dem Schalenwildarten und Greifvögel beobachtet werden können. Der heutige Parkplatz überdeckt eine Wüstung, die Siedlung Tal Wildenburg,

die sogar Stadtrechte besaß, aber im 17. Jh. verlassen wurde.

Die keltische Fliehburg hat die Form eines doppelten Ringwalles. Bis zu 15 m breite Gerüste aus Baumstämmen wurden mit Felsbrocken aufgefüllt. Das Holz ist längst vergangen, geblieben sind die heute sichtbaren Steinwälle. Im westlichen Teil wurde der Ringwall beim Bau der Wildenburg zerstört.

Die Wildenburg, zunächst Schadeburg genannt, wurde 1328 vom Wildgrafen Friedrich von Kirburg erbaut, aber schon zwei Jahre später musste der Wildgraf nach seiner Niederlage an der Schmidtburg (siehe Wanderung 32) den Trierer Kurfürsten und Erzbischof Balduin als Lehnsherrn der Wildenburg anerkennen. Die Burganlage wurde 1651, noch nach Ende des Dreißigjährigen Krieges, zerstört.

Im Jahre 1959 meldet der ›Hochwald- und Hunsrückführer‹: »Von der ehemaligen Burg sind nur noch einige Trümmer vorhanden: man steigt durch das Tor des Forsthauses hinauf auf den mächtigen Quarzitfelsen. Hier entzückende Aussicht.« Die wird heute noch entzückender durch den Aussichtsturm, den der Hunsrückverein 1981 errichtete. Zwanzig Jahre zuvor war die Wildenburg neuer Sitz des Hunsrückvereins geworden, nachdem der bisherige Mittelpunkt des Vereins, der steinerne Turm auf dem Erbeskopf, von den Amerikanern gesprengt worden war.

Mühlen am Idarbach

Von Rhaunen nach Krummenau und über die Höhen zurück

Vierzehn Mühlen klapperten einst am Idarbach zwischen Hochscheid und Rhaunen. Eine einzige ist übrig geblieben. Diese und die Reste einiger anderer lernen wir auf unserer Wanderung durch eines der schönsten Bachtäler im Idarwald kennen.

DIE WANDERUNG IN KÜRZE

++
Anspruch

4 Std.
Gehzeit

16 km
Länge

Charakter: Mittelschwer wegen der Länge und des Anstiegs zum Idarwald

Wanderkarten: WK 1:25 000 Wandergebiet Idarwald, TK 1:50 000 Der Soonwald

Einkehrmöglichkeiten: Gasthaus Berndsmühle (Donnerstag Ruhetag) und Gaststätten in Krummenau und Rhaunen

Anfahrt: Mit dem Auto von der Hunsrückhochfläche

die B 50 bei Büchenbeuren/Flugplatz Hahn verlassen und nach Rhaunen zum Wanderparkplatz in der Ortsmitte fahren. Vom Nahetal (B 41) in Kirn nach Kallenfels/Hahnenbach abbiegen und bis nach Rhaunen zum Wanderparkplatz fahren.

Hinweise: Wer sich zwischendurch im Freibad Rhaunen erfrischen will, sollte an Badekleidung denken.

Vom **Wanderparkplatz in Rhaunen** wenden wir uns nach links zur Ortsmitte. Am Stoppschild stoßen wir auf den Wegweiser R 2, dem wir nach rechts folgen. Nach wenigen Metern gehen wir nach rechts in die Schulstraße. An einem Getränkehandel weist der Wegweiser nach rechts hinunter in den Talgrund des Idarbachs. Unten vor den Gärten halten wir uns links und bleiben nun für den gesamten ersten Teil der Wanderung in den weiten Auen des Idarbachs. Wo der Weg R 2 die Landesstraße 190 kreuzt, verlassen wir die Markierung und halten uns rechts auf einem Feldweg unterhalb der Straße. Bald sehen wir die

Gebäude der **Weitersbacherhütte** (30 Min.), eine der letzten aktiven Getreidemühlen des Hunsrücks. Der Familienbetrieb stellt vor allem Müslis und Bio-Mehl her. In einem Naturkostladen kann man die Produkte auch erwerben.

Weiter geht es auf dem Feldweg unterhalb der Landesstraße, immer wieder mit Blicken auf die abwechslungsreiche Auenlandschaft des Idarbachs. Auf diesem Weg gelangen wir zur **Berndsmühle,** auch Weitersbacher Mühle genannt (45 Min.). Auch hier wurde früher Getreide gemahlen, heute erwartet ein Restaurant die Gäste. Hinter der Mühle führt eine Brücke über den Idarbach und wir folgen nach links der Markierung G 1, bis wir die **Fußmühle** erreichen (1 Std.). Hier verlassen wir den Weg G 1 und bleiben auf dem Pfad entlang des Idarbachs. Nach etwa 1 km führt uns ein Steg auf das andere Ufer. Bald erreichen wir den Wirtschaftsweg nach Laufersweiler. Wir wenden uns nach links und gelangen zur L 150. Wir halten uns rechts und müssen nun einige Meter auf dem Grünstreifen der Straße bewältigen.

Gegenüber, auf der anderen Seite des Baches, aber für uns unsichtbar, liegen die Papiermühle und die Reizenmühle – beide sind heute Wohnhäuser. Bald stoßen wir auf die Markierung K 1, die uns von der Straße weg durch den Wald nach Krummenau führt (1.45 Std.). Das Dorf mit den Schieferdächern ist bekannt durch die Zinngießerei, in der vor allem Karnevalsorden hergestellt werden. Wir gehen – je nach Bedarf – bis zur evangelischen Kirche mit einer sehenswerten Innenmalerei oder zur Gaststätte und dann auf demselben Weg wieder zum Dorf hinaus. Am Ortsende folgen wir dem Weg K 2, der uns über die Wacholderheide auf die Höhen des Idarwaldes bringt. Auf etwa 460 m Höhe über NN erreichen wir eine Kreisstraße, die wir überqueren. Etwas nach links versetzt finden wir einen Forstweg mit der Markierung H 1, der uns immer weiter hinauf führt. Auf 612 m Höhe sto-

ßen wir an der **Distelkopfschneise** (2.40 Std.) auf die Markierung P 6, der wir nach links zum Nahe-Mosel-Weg folgen. Dieser Weg ist mit einem Dreieck und einem Kreuz markiert und wird uns wieder zurück nach Rhaunen bringen.

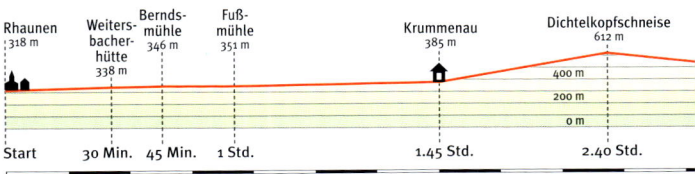

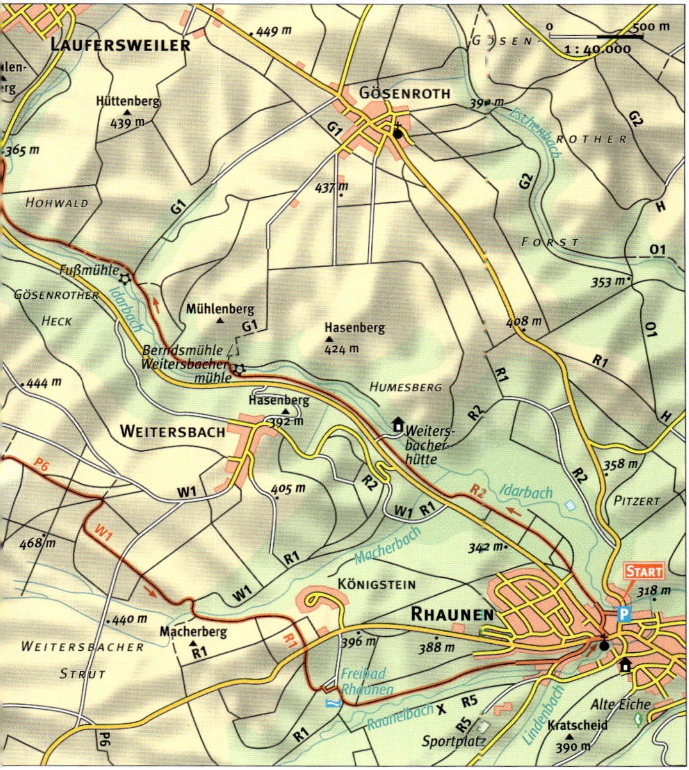

Oberhalb von Weitersbach führt der Weg aus dem Wald heraus und unterhalb des Macher-Bergs bis zum **Freibad Rhaunen** (3.40 Std.).

Der weitere Weg führt vor dem Freibad vorbei nach rechts. Unterhalb des Bades stoßen wir auf einen Wegweiser nach **Rhaunen**, dem wir folgen. Bald ist das Ortszentrum mit unserem Ausgangspunkt, dem Wanderparkplatz, wieder erreicht (4 Std.).

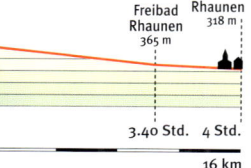

16 km

20

Tour

Rund um den Hoxeler Viadukt

Von Morscheid zur Hoxeler Brücke und zum Schweinegrubenberg

Der Hoxeler Viadukt zählt zu den höchsten Eisenbahnbrücken Deutschlands, die Bahnstrecke ist heute jedoch stillgelegt. Von der Kapelle St. Cuno führt der Weg durch Wiesen und Wälder hinunter zum Viadukt und am Schweinegrubenberg vorbei zum ›Husarenweg‹ im Morbacher Staatsforst und über Hoxel zurück nach Morscheid.

DIE WANDERUNG IN KÜRZE

+
Anspruch

Charakter: Leichte Wanderung, die aber ein wenig Ausdauer erfordert

3 Std.
Gehzeit

Wanderkarten: WK 1:25 000 Wandergebiet Morbach, TK 1:50 000 Naturpark Saar-Hunsrück

11 km
Länge

Einkehrmöglichkeiten: Unterwegs Gaststätte in Morscheid. Nach der Tour bieten mehrere Gaststätten in Morbach Gelegenheit zur Einkehr.

Anfahrt: Mit dem Auto von der Hunsrückhöhenstraße B 327 bei Morbach-Gutenthal in Richtung Hoxel/Morscheid-Riedenburg abbiegen. Durch Hoxel und Morscheid hindurchfahren und auf der Höhe an der markanten Kapelle St. Cuno parken.

Weithin beherrschend hat hier auf der Höhe bis zum 18. Jh. einmal eine große Kirche gestanden, die anderthalbtausend Gläubigen der umliegenden Dörfer Platz bot. **St. Cuno** ist heute eine schmucke und markante Kapelle, die als Ausgangspunkt zu Wanderungen in das Erbeskopfgebiet bestens geeignet ist. Der höchste

Gipfel von Rheinland-Pfalz (816 m) wäre von hier in gut zwei Stunden zu erreichen. Unser Weg geht aber nicht so hoch hinauf, sondern erst einmal hinunter zu einer der höchsten Eisenbahnbrücken Deutschlands.

Rechts neben der **Kapelle** finden wir den Wegweiser ›Viadukt‹ und

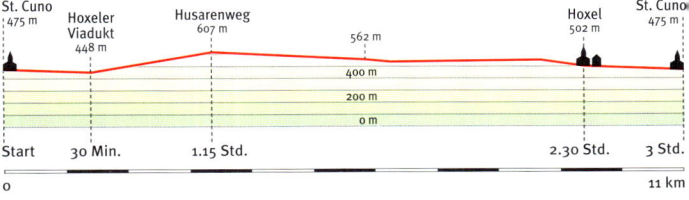

| St. Cuno 475 m | Hoxeler Viadukt 448 m | Husarenweg 607 m | | 562 m | | | | Hoxel 502 m | St. Cuno 475 m |

400 m
200 m
0 m

| Start | 30 Min. | 1.15 Std. | | | | | 2.30 Std. | 3 Std. |

0   11 km

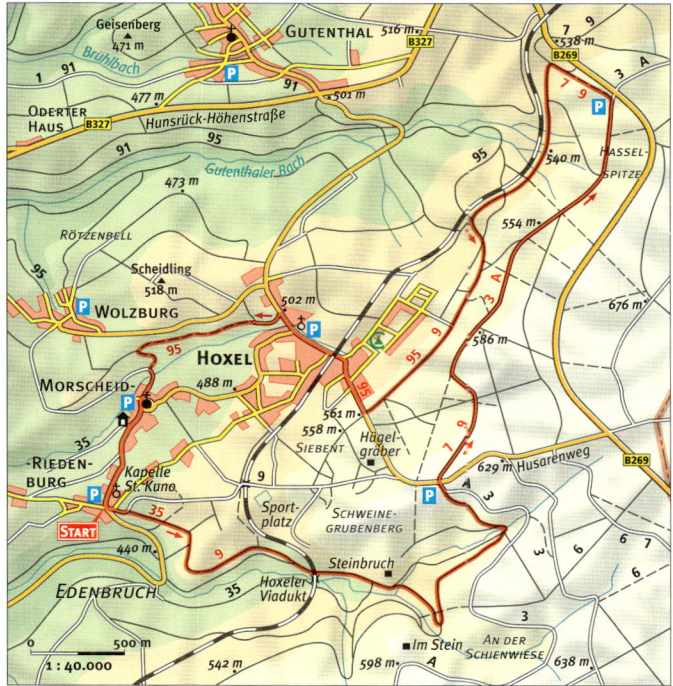

die Markierung 35, der wir für den ersten Teil unserer Wanderung folgen. Nach etwa 50 m verlassen wir beim letzten Haus den asphaltierten Weg und gehen geradeaus in die Wiesen hinein. (Achtung: Gerade hier gibt es keine Markierung.) Nach rechts blicken wir hinunter in das Edenbruch, eine sumpfige Talaue des Herrschenbachs, und hinüber zum 350 m höher liegenden Erbeskopfplateau. Bald erreichen wir den Wald und in einer Wegkurve können wir einen ersten Blick auf den Hoxeler Eisenbahnviadukt werfen. Die Brücke aus rötlichem Stein überwindet elegant das Tal zwischen den grünbewaldeten Hängen.

Wir folgen weiter der Markierung 35, die uns nun hinunter in die Talsohle des Herrschenbachs bringt. Unten halten wir uns links und stehen nach wenigen Schritten unter dem Viadukt (30 Min.). Schön wäre es, wenn jetzt ein Zug, vielleicht sogar die Dampflok einer Sonderfahrt, vorbeikäme – doch das ist lange vorbei, denn die Brücke kann solche Lasten nicht mehr tragen.

Wir gehen weiter im Bachtal aufwärts, jetzt der Markierung 9 folgend. Wir kommen an der Zufahrt zum **Steinbruch am Schweinegrubenberg** vorbei. An den Wänden des Steinbruchs sind die geologischen Strukturen des Taunusquarzits gut zu erkennen, der vor 380

Start- und Zielpunkt unserer Tour: St. Cuno in Morscheid

bis 400 Mio. Jahren durch Sandsteinablagerungen des Devonmeeres entstand, die später verkieselten. Durch Eisenoxideinlagerungen hat das Gestein eine rötliche Farbe. Während des Unterkarbons (vor rund 330 Mio. Jahren) erfuhren die Gesteinsschichten eine Gebirgsfaltung. Im Jungtertiär (vor rund 60 Mio. Jahren) setzten schollenweise Hebungen ein, so dass das Gestein an zahlreichen Verwerfungslinien brach. Heute prägt der herausgewitterte, harte Taunusquarzit die Höhenzüge des Hochwaldes und des Idarwaldes. Unter anderem bei Hoxel wird er für Zwecke des Baugewerbes gewonnen.

Wir folgen weiter geradeaus der Markierung 9 und halten uns im Talgrund bis zu einer Wegekreuzung. Wir gehen mit der 9 nach links hinauf in den Wald. An einer freien Stelle können wir noch einmal zum Viadukt zurückblicken. Immer

weiter bergauf erreichen wir den höchsten Punkt unserer Wanderung, den Waldparkplatz am **Husarenweg** (1.15 Std.). So wird die schmale Waldstraße von Hoxel hinauf zur Hohen Buche genannt, offenbar weil während irgendwelcher Feldzüge einmal Husaren auf ihr vorbeizogen.

Wir folgen weiter geradeaus auf einem breiten Waldweg der 9 (Richtung Morbach), bis wir fast die Bundesstraße 269 erreichen. Kurz vorher biegt ein schmaler Waldweg links ab (Wegweiser: Morbach/Schmausemühle), dem wir folgen, bis wir wieder auf einen breiten Forstweg stoßen. Hier halten wir uns wieder links (Wegweiser: Hoxel-Campingplatz). Etwa 1 km lang verläuft unser Weg jetzt direkt neben den Gleisen der Hunsrückbahn, bis wir rechter Hand einen Bahnübergang mit einer Bankgruppe sehen. Hier biegen wir nach links ab, immer noch dem Zeichen 9 folgend. Am Forsthaus Hoxel vorbei erreichen wir wieder den ›Husarenweg‹, der uns rechts hinunter mit der Markierung 95 in das Dorf **Hoxel** führt (2.30 Std.).

Wir gehen unter der Eisenbahnbrücke hindurch bis fast an das andere Ortsende, bis die Straße ›Am Wäldchen‹ links abbiegt. Am Ende dieser Straße geht es durch die Wiesen auf dem Weg 95 nach Morscheid. Wenn wir die Morscheider Kirche sehen, halten wir auf das Gotteshaus zu, gehen die Dorfstraße hinauf und erreichen schließlich wieder unseren Ausgangspunkt, die **Kapelle St. Cuno** (3 Std.).

Kapelle St. Cuno

Das Gotteshaus im hochgotischen Stil wird auf eine Gründung des Trierer Erzbischofs Cuno von Falkenstein im 14. Jh. zurückgeführt. Heute ist nur noch der ehemalige Chor erhalten. Nach der Zerstörung durch jahrzehntelange Kriegswirren weihte die Gemeinde 1854 eine neue Dorfkirche in Morscheid, die zum großen Teil aus den Steinen der alten Kirche gemauert wurde. Erst vor etwa vierzig Jahren besann man sich auf St. Cuno und restaurierte die übrig gebliebenen Ruinen zu einer Kapelle, die für die Toten-

messen des benachbarten Friedhofs und zum Gedenken an die Kriegsopfer genutzt wird.

Hoxeler Eisenbahnviadukt

Die 160 m lange Brücke überspannt mit acht Bögen den Talgrund und hat eine Höhe von 42 m. In Betrieb genommen wurde sie mit der Eröffnung der Bahnstrecke Morbach–Hermeskeil am 1. Oktober 1903. Während des Zweiten Weltkrieges wurde die Brücke zweimal von den Alliierten und dann endgültig von den zurückweichenden deutschen Truppen zerstört. Erst im Juli 1950 konnte der Bahnverkehr wieder aufgenommen werden, bis die Strecke 1976 stillgelegt wurde. Auch Sonderzüge dürfen die Strecke nicht mehr befahren.

Die Hoxeler Eisenbahnbrücke

Tour 21

Vom Hosenbach zum Hosenberg

Von Niederhosenbach nach Breitenthal und zur Wüstung Battenhofen
Die Wanderung führt uns durch das Gebiet zwischen dem Südhang des Idarwaldes und dem Lützelsoon. Jammereiche und Wüstungen erinnern daran, dass auch abgelegene Gegenden von der Weltgeschichte mitunter hart getroffen werden.

DIE WANDERUNG IN KÜRZE

+ Anspruch

2 Std. Gehzeit

7 km Länge

Charakter: Leichte Tour

Wanderkarten: WK 1:35 000 Deutsche Edelsteinstraße, TK 1:50 000 Der Soonwald

Einkehrmöglichkeiten: Gaststätten in Niederhosenbach und Breitenthal

Anfahrt: Mit dem Auto an der B 50 bei Büchenbeuren/Flugplatz Hahn abfahren; weiter über Rhaunen nach Sulzbach, Oberhosenbach und Breitenthal nach Niederhosenbach. Am Ortseingang parken. Vom Nahetal (B 41): nach Fischbach abfahren und über Herrstein nach Niederhosenbach. Am Ortsausgang nach Breitenthal parken.

Das Gebiet um Niederhosenbach wird seit über 2000 Jahren besiedelt und landwirtschaftlich genutzt. Immer wieder kommen beim Pflügen römische Funde ans Tageslicht, die sogar auf eine Villa rustica hindeuten. Eine Römerstraße, die von Trier über das Nahetal nach Bad Kreuznach und Bingen führte, berührte die Gemarkung.

Am westlichen Ortseingang von **Niederhosenbach** finden wir einen Wegweiser. Hier fließt auch der Hosenbach in das Dorf hinein, in dessen Tal wir später auf unserer Wanderung wieder gelangen werden. Zunächst halten wir uns jedoch stramm die **Hohlstraße** hinauf, dem Wegweiser zur ›Jammereiche‹ und der Markierung D 3 folgend. An den letzten Häusern gehen wir nach rechts in den Feldweg hinein und erreichen bald die Hochfläche, die uns weite Blicke zum Lützelsoon im Osten, zum Idarwald im Norden und zum Erbeskopf im Westen gestattet. Auf der Höhe gehen wir geradeaus durch die Felder, bis wir einen befestigten Weg er-

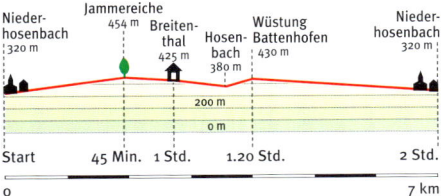

Niederhosenbach 320 m — Jammereiche 454 m — Breitenthal 425 m — Hosenbach 380 m — Wüstung Battenhofen 430 m — Niederhosenbach 320 m

200 m | 0 m

Start — 45 Min. — 1 Std. — 1.20 Std. — 2 Std.

0 — 7 km

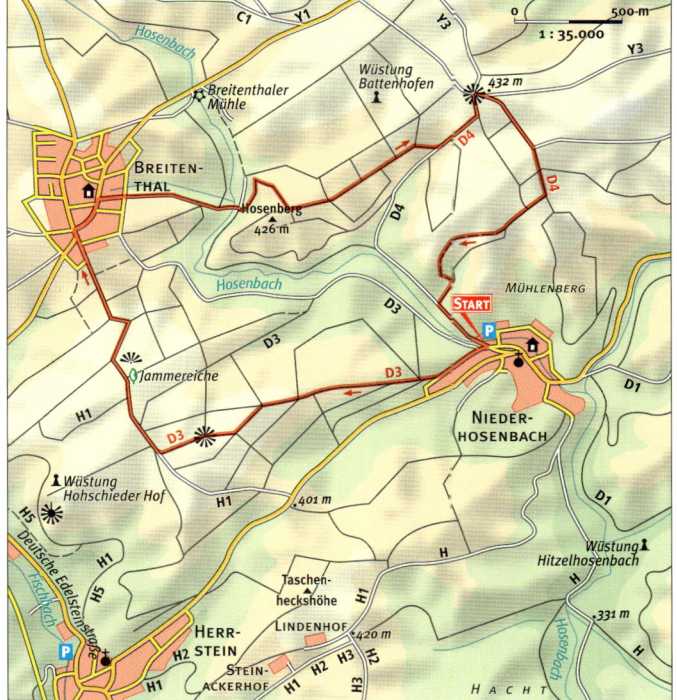

reichen, der von der Straße nach Herrstein heraufkommt. Hier wenden wir uns nach rechts und sehen schon bald die **Jammereiche** (45 Min.).

Die alte mächtige Eiche, mittlerweile von zahlreichen jüngeren Bäumen umgeben, hat ihren Namen einer Erzählung mit einem vermutlich wahren Kern zu verdanken. Im Dreißigjährigen Krieg flüchteten die Bewohner von Breitenthal hierher, um sich vor plündernden Truppen im Unterholz zu verstecken. Diese legten jedoch einen Brand im Gehölz, und die Versteckten kamen jämmerlich ums Leben.

Zu jenen Zeiten gab es gegenüber auf der anderen Seite noch den Hohschieder Hof, der aber um 1800 aufgegeben wurde. In der Umgebung

finden sich zahlreiche weitere **Wüstungen** wie Hitzelhosenbach, dessen Einwohner allesamt im Dreißigjährigen Krieg von der Pest dahingerafft wurden, die Wüstung Carlshof, die um 1804 verlassen wurde, und nicht zuletzt die Wüstung Battenhofen, an der wir auf unserer Wanderung noch vorüberkommen werden.

Wir gehen auf dem Wirtschaftsweg weiter nach Breitenthal, das wir unten schon liegen sehen. In **Breitenthal** (1 Std.) gehen wir weiter geradeaus bergab und biegen nach rechts in die **Oldenburger Straße** ein (den Wegweiser zur Post beachten, wo es auch eine Gaststätte gibt). Unten geht rechts der Weg **Im Brühl** ab mit dem Wegweiser nach Niederho-

Tour 21

senbach, dem wir folgen. Durch die Wiesen erreichen wir bald das **Tal des Hosenbaches**, der am Galgenberg in der Nähe von Hottenbach entspringt, den Narrenkopf bei Oberhosenbach umspült, um schließlich den Fischbach und mit diesem die Nahe zu erreichen.

Wir überqueren den Bach und gehen geradeaus zum Waldrand. Der Weg folgt dem Waldrand nach links und dann wieder rechts. Wir gelangen immer weiter hinauf zum Gipfel des **Hosenberges** (426 m). Geradeaus geht es durch die Felder hinunter zu einem Wirtschaftsweg, der mit D 4 gekennzeichnet ist. Wir halten uns links und gehen wieder ein kurzes Stück bergauf, bis wir eine Wegekreuzung erreichen (1.20 Std.). Wir genießen den weiten Blick hinüber zu den Dörfern, die an den Hängen des Idarwaldes aufgereiht liegen.

Bei dem Weg, auf den wir hier treffen, handelt es sich um eine ehemalige Römerstraße, die das Nahetal mit dem Moseltal bei Trier verband. An dieser exponierten Stelle lag bis zum 17. Jh. ein Hofgut oder eine Hof-

siedlung: Battenhofen. Bodenfunde bestätigen, dass es hier bereits eine römische Ansiedlung gab, die wohl mit der Römerstraße in Zusammenhang stand. 966 wird ›Bettonforst‹ in einer Urkunde des Erzbischofs Theoderich erwähnt, der die Gemarkung dem Mainzer Gangolfstift schenkte. Heute erinnert nur noch ein Gedenkstein an die schon vor Jahrhunderten verlassene Siedlung.

Zum Weiterweg wenden wir uns nach rechts und folgen einige Meter der Römerstraße (Wegweiser nach Niederhosenbach, Markierung weißes Dreieck) und gehen auf das Waldstück am **Hirtenbösch** zu. Noch etwas weiter oben knickt dieser Weg am Waldrand (Hochsitz) nach links ab, wir halten uns jedoch geradeaus und folgen der Markierung D 4. Nach etwa 200 m geht nach rechts ein Weg mit dem Zeichen D 5 in den Wald hinein, dem wir nun folgen. Steil geht es jetzt wieder hinunter ins **Hosenbachtal**. Im Tal angekommen, halten wir uns links und erreichen nach einigen Minuten wieder unseren Parkplatz in **Niederhosenbach** (2 Std.).

Zeugin tragischer Ereignisse: die Jammereiche

Auf den Spuren der Nibelungen

Vom Forsthaus Röderbach zum Erbeskopf und zur Siegfriedsquelle

Der Erbeskopf ist mit 816 m in den Landkarten als höchste Erhebung in Rheinland-Pfalz verzeichnet. Er bildet eine gewaltige Kuppe, von der sich Blicke bis in die Eifel und zum Donnersberg eröffnen. Ganz überraschend stoßen wir hier auf Spuren der Nibelungen-Sage.

DIE WANDERUNG IN KÜRZE

++
Anspruch

Charakter: Wegen der Länge und einiger beträchtlicher Steigungen recht anspruchsvoll

5.30 Std.
Gehzeit

Wanderkarten: WK 1:25 000 Verbandsgemeinde Thalfang, TK 1:50 000 Naturpark Saar-Hunsrück

21 km
Länge

Einkehrmöglichkeiten: Gaststätten nur in Dhronecken (2 km vom Parkplatz entfernt). Unterwegs keine Möglichkeit, daher an Rucksackproviant denken.

Anfahrt: Mit dem Auto über die Hunsrückhöhenstraße B 327. Zwischen Thalfang und Hermeskeil, kurz vor Dhronecken, weisen nach links Wegweiser zum ›Öko-Pfad Singendes Tal‹ und zum Wanderparkplatz ›Forsthaus Röderbach‹.

Vom Parkplatz aus gehen wir am (nunmehr privat bewohnten) **Forsthaus Röderbach** vorbei und folgen dem ›Öko-Pfad Singendes Tal‹ (ausgeschildert mit D 7). Im steil eingeschnittenen Tal des Röderbachs will ein französischer Gelehrter bei günstigem Wind bezaubernde Töne gehört haben. Der Forstmeister zu Dhronecken ließ gar um die Jahrhundertwende Äolsharfen in die hohen Fichten hängen, deren Saiten der Wind zum Schwingen brachte. Wer Glück hat, soll auch heute noch bei ganz bestimmten Witterungsverhältnissen das Lied des Windes im ›Singenden Tal‹ hören können.

Zur Rechten öffnen sich immer wieder Lichtungen und Bachauen. Wer hier plötzlich auf schlackeähn-liche Steine stößt, hat die Spuren eines verschwundenen Dorfes gefunden: die **Wüstung Röderbach**. Schon 1329 ist hier ein Eisenbergwerk urkundlich erwähnt. Im Hochwald wurde an zahlreichen Stellen Eisenerz gefunden (›Lebacher Eier‹). Die Wälder lieferten die Holzkohle als Reduktionsmittel, das Wasser lieferte die Kraft zum Antrieb der Hämmer und Blasebälge. Im 17. Jh. errichtete der belgische Hüttenfachmann Remacke Josef de Hauzens, der ›Hüttenkönig vom Hochwald‹, eine Eisenschmelze. Doch bald fand man heraus, dass die Steinkohle, entdeckt in riesigen unterirdischen Vorräten, bei der Eisenerzeugung wirksamer ist als Holzkohle Die Hüttenarbeiter folg-

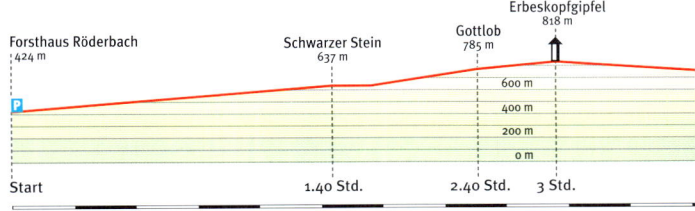

ten dem Ruf in die neuen Reviere an Saar und Ruhr. 1830 wurde das Werk am Röderbach stillgelegt, danach verließen die letzten Einwohner das abgelegene Dorf. Nur noch Schlackebrocken zeugen davon, dass die Wüstung einstmals besiedelt war. Die Eisengewinnung im Hochwald war 1869 beendet, als der letzte Hochofen ausgeblasen wurde.

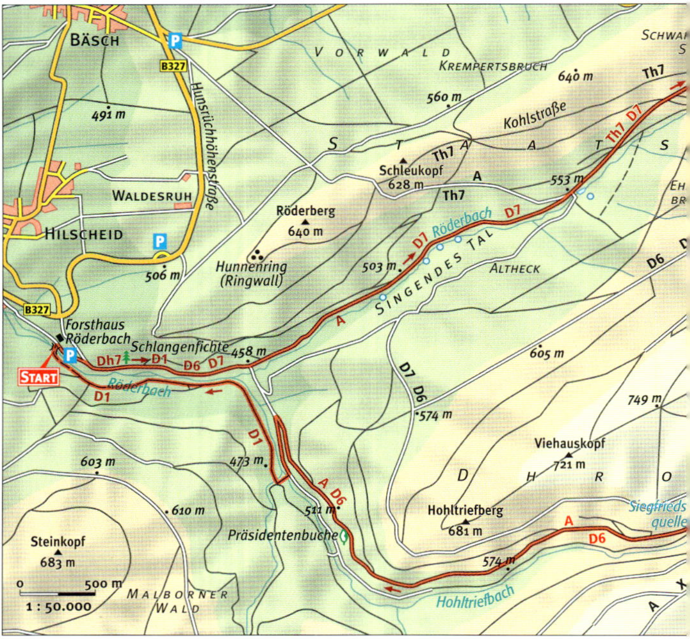

Bald biegt der asphaltierte Waldweg nach rechts ab, doch wir halten uns weiter geradeaus und folgen unserem Wanderzeichen (D 7). Auf einer längeren Strecke geht es jetzt meist im Schatten der Bäume bergauf, vorbei an zahlreichen kleinen Tümpeln, die der Röderbach hier gebildet hat. Als Biotope mit seltenen Lebensgemeinschaften stehen die Gewässer und Feuchtwiesen unter

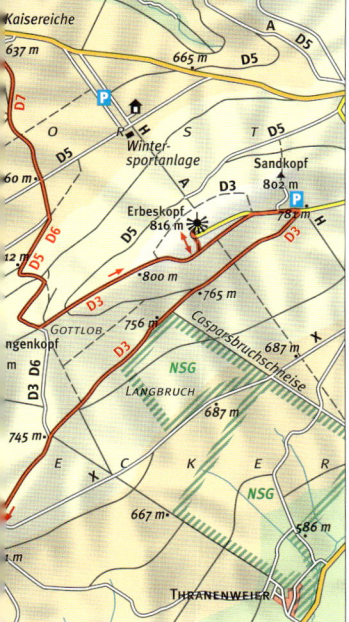

Wegespinne **Schwarzer Stein** mit einem schönen, gusseisernen Wegweiser erreichen (1.40 Std.). Wir genießen den freien Blick hinüber nach Morbach und zum nächsten Höhenzug, dem Haardtkopf, erkennbar am Südwestfunk-Sender.

Für den weiteren Anstieg biegen wir nach rechts ab, wieder auf D 7 ›Erbeskopf‹. Bald sind auf dem Gipfel des Erbeskopfes die olivgrünen Radarkuppeln der Bundeswehr zu erkennen. Nach einer Viertelstunde stoßen wir auf eine Wegekreuzung mit einem Hochsitz. Der Weg D 7, dem wir bisher treu geblieben sind, biegt jetzt rechts ab.

Variante: Wer schneller zurück sein will, ist auf D 7 in etwas mehr als einer Stunde wieder am Ausgangspunkt.

Wir halten uns jedoch geradeaus und folgen dem Zeichen D 6 ›Erbeskopf‹. Der Weg wird immer steiler – jetzt kommt mit bis zu 12 Prozent Steigung das anstrengendste Stück. Wir halten uns immer geradeaus auf dem Hauptweg und lassen uns nicht durch zweideutig angebrachte Schilder irritieren.

»Gottlob« – wer es bis hierher geschafft hat, weiß, warum diese Wegekreuzung so heißt (2.40 Std.). Früher, als es die heutigen Autostraßen noch nicht gab, führte ein

strengem Naturschutz. An großflächigen Kahlstellen ist heute noch zu erkennen, wo die Stürme Vivian und Wiebke im Februar 1990 auch am Erbeskopf ganze Wälder gefällt haben.

An der Info-Tafel ›Öko-Pfad Singendes Tal‹ knickt der Öko-Pfad nach links ab (1 Std.), wir aber bleiben immer geradeaus auf D 7 in Richtung ›Erbeskopf‹, bis wir die

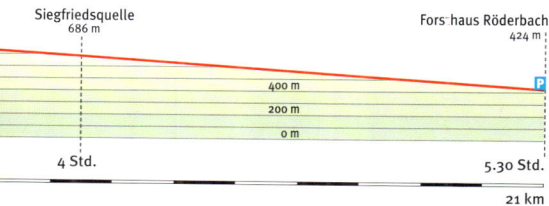

Saumpfad von der Mosel über den Erbeskopf ins Birkenfelder Land. Und genau hier, wenn das steilste Stück überwunden war, pflegten sich die Reisenden, die zu Fuß oder mit Ochsenkarren unterwegs waren, mit einem Gebet beim Herrgott zu bedanken. Der Seufzer »Gottlob«, auf einen Findlingstein geschrieben, hat sich bis heute erhalten.

Wir biegen links ab auf den Hauptwanderweg des Hunsrückvereins H/D 3 und steigen weiter zum Gipfel an. Die jetzt zum größten Teil leer stehenden Militäranlagen lassen wir links liegen und gehen weiter auf dem Weg H Richtung ›Aussichtsturm/Hüttgeswasen‹. Auf einem kurzen Anstieg über eine Treppe erreichen wir den aus Holzbalken zusammengezimmerten **Aussichtsturm auf dem Erbeskopfgipfel** (3 Std.). Das Gipfelplateau ist weitgehend durch die Radarkuppeln, mehrere Militärbaracken und eine Skiliftanlage verbaut. Bei klarem Wetter reicht der Blick im Norden bis weit in die Eifel hinein, im Süden erkennen wir das Nordpfälzer Bergland und im Osten den charakteristischen Donnersberg vor den Toren von Worms. Um die Jahrhundertwende war hier ein mächtiger Turm aus Bruchsteinen errichtet worden, der in kaisertreuer Zeit ›Kaiser-Wilhelm-Turm‹ genannt wur-

de. Damals zerbrach bei der Grundsteinlegung der Hammer – für die abergläubischen Hunsrücker ein böses Omen. Und tatsächlich: 1961 musste der Turm auf Geheiß des amerikanischen Militärs gesprengt werden, weil er ihre Fernmeldeanlagen störte. Die Büste von Kaiser Wilhelm, die einst den Turm schmückte, ist heute an der Hauptstraße von Deuselbach aufgestellt. Nachdem nun die Amerikaner abgezogen sind, werden auch wieder Stimmen laut, die den Hunsrückverein auffordern, den alten Turm wieder aufzubauen. Nur, ob er dann wieder nach Kaiser Wilhelm benannt wird, ist fraglich. Schließlich hat man den Koblenzer Streit um des Kaisers Pferd auf dem Deutschen Eck bis zum Erbeskopf gehört.

Wir steigen wieder hinab zu unserem Weg H/D 3 und folgen diesem bis zum Waldparkplatz. Dort biegen wir in spitzem Winkel rechts ab, weiter dem Weg D 3 folgend (hier leider eine asphaltierte Militärstraße namens ›Pfaffenstraße‹) in Richtung ›Birkenfeld/Siegfriedsquelle‹. Nach rund einer halben Stunde biegt D 3 nach rechts hinauf ab, wir bleiben weiter geradeaus auf der Pfaffenstraße, jetzt D 6 ›Thranenweiher/Birkenfeld‹. An einer Sieben-Wege-Spinne (links hinein ist eine Schutzhütte zu erkennen)

Die Siegfriedsquelle: mythischer Schauplatz?

Burg Dhronecken: Hier soll Hagen geboren worden sein.

halten wir uns scharf rechts und folgen dem Zeichen D 6 ›Siegfriedsquelle‹. Nach zehn Minuten erkennen wir unterhalb einer Wegegabelung die in Bruchsteinmauern gefasste **Siegfriedsquelle** (4 Std.). Frisches Quellwasser sprudelt hier aus dem Stein. Der Name verweist darauf, dass sich hier ein Drama der Nibelungensage, die Ermordung Siegfrieds durch den grimmigen Hagen, abgespielt haben soll. Hagen selbst soll auf der benachbarten Burg Dhronecken geboren worden sein.

Für den weiteren Weg halten wir uns an der Gabelung auf dem oberen Pfad, noch immer D 6, und wandern durch lichten Wald immer weiter bergab auf historischen Pfaden. Nicht nur Hagen mag hier auf seinem Weg nach Worms heraufgeritten sein, auch die Römerstraße ›Via Treveris–Argentoratum‹ von Trier

nach Straßburg nahm hier ihren Verlauf durch das Birkenfelder Land.

Wir treffen nach einer guten Stunde bergab auf den Weg D 1. Um den Asphaltweg des Beginns zu vermeiden, folgen wir D 1 nach links, überqueren den **Hohltriefbach,** der von der Siegfriedsquelle gespeist wird, und gehen dann weiter am linken Ufer des Röderbachs abwärts. D 1 führt schließlich mit einer Brücke über den Röderbach und stößt auf den Zufahrtsweg zum Wanderparkplatz **Forsthaus Röderbach.** Wir halten uns rechts und sind in wenigen Minuten wieder am Auto (5.30 Std.).

Im Anschluss an die anstrengende Wanderung empfiehlt sich ein Besuch der Gaststätten im nahe liegenden Dhronecken. Dabei sollte eine kurze Visite der Burgruine nicht versäumt werden – sozusagen wieder auf den Spuren der Nibelungen.

Auf keltischen Pfaden

Von Allenbach über den Ringkopf und die Kirschweiler Festung nach Katzenloch und ins Idarbachtal

Diese Wanderung führt uns zur keltischen Wallanlage auf dem Ringkopf und auf die Quarzitkuppen der Kirschweiler Festung. Im Tal des Idarbachs stoßen wir auf Reste früherer Eisen- und Kupferschmelzen.

DIE WANDERUNG IN KÜRZE

++
Anspruch

3.30 Std.
Gehzeit

12 km
Länge

Charakter: Mittel, da einige starke Anstiege zu bewältigen sind

Wanderkarten: WK 1:35 000 Deutsche Edelsteinstraße, TK 1:50 000 Naturpark Saar-Hunsrück

Einkehrmöglichkeiten: Gaststätten in Katzenloch und in Allenbach. Im Sommer Gartencafé am Katzenlocher Sägewerk.

Anfahrt: Mit dem Auto von der Hunsrückhöhenstraße B 327 bei Morbach auf die B 269 in Richtung Birkenfeld abbiegen. Nach etwa 6 km nach links in Richtung Idar-Oberstein auf die B 422 fahren. Das nächste Dorf ist Allenbach. Auf der Hauptstraße bleiben und ganz durch den Ort hindurchfahren. Unten nach der Idarbrücke geradeaus in die Siedlung (Straße ›Auf dem Bus‹) hineinfahren und parken. Von Idar-Oberstein über die B 422 in Richtung Morbach/Trier fahren. Am Ortseingang von Allenbach nach links in die Siedlung fahren und parken.

Unsere Wanderung beginnt in **Allenbach** unterhalb des **Schlosses**. Mit dem Tode des letzten hier residierenden Grafen aus dem Geschlecht der Sponheimer im Jahre 1437 wurde das Dorf einer der ersten Industrieorte des ausgehenden Mittelalters. Reste der **alten Kupferhütte** (erbaut um 1400) sind noch in der Nähe der Wirschweiler Mühle zu sehen, an der wir auf dem Rückweg vorbeikommen. Die **neue Kupferhütte** (er-

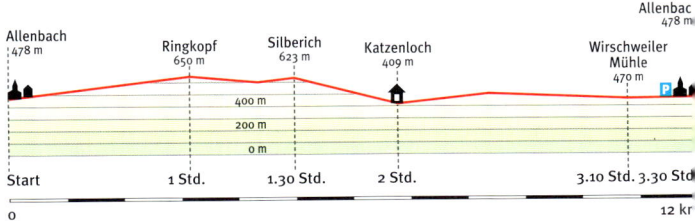

Allenbach
478 m

Allenbach
478 m

Ringkopf
650 m

Silberich
623 m

Katzenloch
409 m

Wirschweiler
Mühle
470 m

400 m

200 m

0 m

Start · 1 Std. · 1.30 Std. · 2 Std. · 3.10 Std. 3.30 Std.

0 · 12 kr

baut um 1450) lag unterhalb des Schlosses, ganz in der Nähe unseres Parkplatzes. Geschmolzen wurde das Erz aus dem Kupferbergwerk im Hosenbachtal bei Fischbach; Allenbach wurde für vier Jahrhunderte Hüttendorf.

Heute erinnert kaum noch etwas an die industrielle Vergangenheit. Allenbach ist ein ruhiges Erholungsdorf fernab der heutigen Industriezentren. Unser Weg führt die Straße ›Auf dem Bus‹ hinauf am Sportplatz vorbei, dem Wanderzeichen A 1/A 2 folgend. Am Waldrand (Wanderparkplatz) treffen wir auf einen Wegweiser zum Ringkopf, an dem wir uns orientieren. Gemächlich geht es durch abwechselnden Fichten- und Buchenmischwald hinauf auf den Kamm des Wildenburgrückens, der sich von Otzenhausen bis Mörschied erstreckt (siehe Wanderung 18).

Auf halber Höhe treffen wir auf das H des Hauptwanderweges des Hunsrückvereins, der in diesem Abschnitt zugleich als **Europäischer Fernwanderweg E 3** Atlantik–Ardennen–Böhmerwald (blaues Andreaskreuz X) gilt. Diesen Zeichen folgen wir bergauf, uns immer geradeaus haltend bis zum Kamm. Oben stoßen wir bald auf eine Bankgruppe mit Tisch. Hier verlassen wir den Hauptweg nach links, dem Wegweiser zum Ringkopf folgend. Durch Geröll und Felsen geht es weiter hinauf, und bald erkennen wir, dass es sich um die Reste eines Ringwalles handelt.

Das Gipfelplateau des **Ringkopfes** (650 m – 1 Std.) ist nach drei Seiten von einem Schutzwall umgeben, nach Norden bricht der Fels steil hinab ins Idarbachtal. Der Wall wurde um 500 v. Chr. erbaut und war bis zu zehn Meter breit und zwei Meter hoch. Heute stehen zwischen den Quarzitblöcken mächtige Buchen,

die wohl auch den Kelten Ehrfurcht eingeflößt hätten. Im Osten ist noch eine Torgasse zu erkennen, die bei Ausgrabungen in den dreißiger Jahren freigelegt wurde. Die Wallanlage hat offenbar nur als Fliehburg gedient; man fand keine Spuren dauerhafter Besiedlung. Schleudersteine künden jedoch von einigem Kampfgetümmel. Vom Felsen bietet sich heute noch ein weiter Blick hinunter ins Idarbachtal und über Allenbach hinweg zum Erbeskopf.

Wir verlassen die Fliehburg durch die Torgasse und stoßen wieder auf unseren Hauptweg H/blaues Kreuz. Bald erreichen wir den **Dreiherrenstein** (1,5 Std.). Hier trafen im Mittelalter die Hintere Grafschaft Sponheim, das Amt Wildenburg der Wild- und Rheingrafen von Kyrburg und die Herrschaft Oberstein zusammen. Der heutige Grenzstein steht erst seit ungefähr 1840 und markierte die Grenze zwischen dem Königreich Preußen (K. P.), zu dem das Rheinische Oberland gehörte, und dem Großherzogtum Oldenburg (G. O.), dem seit dem Wiener Kongress das Birkenfelder Land zugeschlagen war, weil sonst niemand den verarmten Sprengel haben wollte.

Wir bleiben weiter auf dem H/X-Weg und folgen dem Wegweiser ›Festung‹. Von einer Kahlfläche aus können wir in der Ferne sogar den Aussichtsturm des Wildenburgkopfes erkennen. An einem Wasserhochbehälter vorbei, geht es ein wenig bergab nach links. Etwas später im Wald verlassen wir wieder den Hauptweg nach rechts und folgen dem Wegweiser ›Kirschweiler Festung‹ und den Markierungen K 2/Z 3 steil bergauf. Oben treffen wir auf eine mächtige Felswand aus hartem Taunusquarzit und haben den Gipfel des **Silberich** (623 m), der auch

Tour 23

Kirschweiler Festung genannt wird, erreicht (1.30 Std.).

An einer Schutzhütte unter dem Gipfelkreuz können wir eine Rast einlegen. Die Quarzitfelsen türmen sich zu Gebilden mit jähen Abbrüchen auf. Der Blick geht weit über Kirschweiler hinweg nach Idar-Oberstein und ins nordpfälzische Bergland. Ob es hier eine keltische Kultstätte gab, hat die Wissenschaft noch nicht geklärt, es wird aber vermutet. Die Römer nannten den markanten Punkt als Grenze ihrer Provinzen Gallia belgia und Germania superior. Für die fränkische Zeit (650 bis 1200) vermutet man, dass hier ein Hundertschaftsgericht getagt hat.

Steil geht es jetzt hinunter an mächtigen Blockhalden vorbei, bis wir auf einen Wegweiser stoßen, der nach links, nach Katzenloch, zeigt und die Markierung K 1/Z 3 aufweist. Bald erreichen wir einen Steilhang, der den Blick auf die gegenüberliegende, wohl größte Quarzitgeröllhalde des Hunsrücks freigibt. Diese

›Kirschweiler Festung‹ auf dem Silberich

Rosselhalde (auch Katzenlocher Schanz genannt) und die darüber liegende Bastion des Hohenfels markieren den Durchbruch des Idarbachs durch den Wildenburgrücken. Die Halden aus Schiefer- und Quarzitbruch gelten als einzigartiges Biotop, auf dem sich ein lichter Ebereschen-Karpatenbirken-Wald angesiedelt hat.

Wir halten uns am Steilhang links und folgen der Markierung Z 3 nach Katzenloch immer weiter hinunter, bis wir den Talgrund des Idarbachs erreichen. Katzenloch (2 Std.) ist eine frühindustrielle Arbeitersiedlung (wohl die älteste der ganzen Region), die zusammen mit dem Hammerwerk der Hüttendynastie Stumm entstand. Später wurde aus dem Hammer ein Sägewerk, dessen Gebäude wir besichtigen können.

Zum Weiterweg gehen wir wieder zurück den Steilhang hinauf, bis

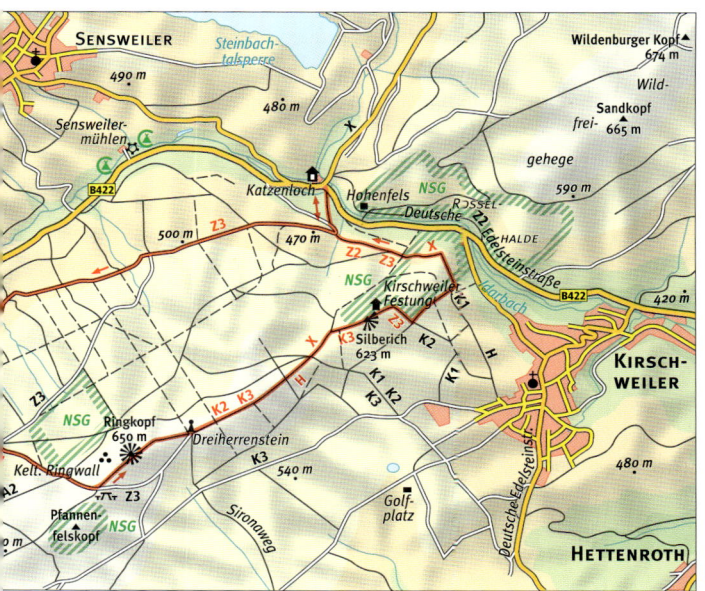

nach rechts der Weg Z 3 nach Allenbach abbiegt, dem wir folgen. Nach einer knappen halben Stunde durch lichten Wald gelangen wir an eine Wegegabelung, Z 3 biegt nach links ab, wir halten uns jedoch geradeaus, leicht bergab dem Wegweiser nach Wirschweiler folgend.

Immer weiter hinunter erreichen wir die Bundesstraße 422, die als **Deutsche Edelsteinstraße** ausgezeichnet ist. Wir folgen der Straße einige Schritte nach links. Im Talgrund sehen wir den Allenbacher Weiher, zu dem der Idarbach hier aufgestaut wurde. Nach etwa 300 m geht nach rechts ein Weg zur **Wirschweiler Mühle** ab, dem wir folgen (3.10 Std.). Hier, in den Idarbachauen, befand sich vor Generationen die alte Allenbacher Kupferhütte.

An der Mühle gehen wir nach links, dem Wegweiser ›Rundweg Allenbach‹ folgend, und halten uns dabei oberhalb der Gebäude. Jetzt geht es auf bei Feuchtigkeit etwas rutschigen Wegen am Idarbach entlang zurück nach **Allenbach**. Dort brauchen wir nur noch linker Hand die Brücke zu überqueren und sind wieder an unserem Fahrzeug (3.30 Std.).

Allenbacher Schloss

Das Dorf gehörte seit Beginn des 13. Jahrhunderts zur Hinteren Grafschaft Sponheim. Wie in Starkenburg, Sponheim und Dill wurde auch in Allenbach an der Grenze zu Kurtrier eine Wehranlage errichtet. Später betrieben die gräflichen Herren auf der Burg Allenbach offenbar ein Gestüt. Ursprünglich als mächtige Wasserburg mit Bergfried angelegt, wurde die Anlage im 16. Jh. stark umgebaut. Damals entstand der Fachwerkbau des heutigen Schlosses,

*Das Schloss
in Allenbach*

der als Sitz des ›Amtes Allenbach‹ diente. Das Schloss wurde um die Jahrhundertwende in stark ramponiertem Zustand von der Idarer Kaufmannsfamilie Purper erworben, die die Anlage hergerichtet hat und noch heute bewohnt.

Sägewerk Katzenloch

Die heutigen Gebäude stehen auf den Grundmauern eines Hammerwerkes, das seit 1758 von der Hüttenherrendynastie Stumm betrieben wurde. Aus Stumms wurden später, als es mit der Eisenzeit im Idartal schon wieder vorbei war, die Hüttenbarone an der Saar. In Katzenloch wurde ein Stauweiher angelegt. Das Wasser trieb ein Paar Wasserräder, die acht Meter im Durchmesser

maßen. Ein Wasserfall am Eingang zum Sägewerk erinnert noch an diese Zeit. Der Idarbach trieb weiter unterhalb noch 26 Achatschleifereien, eine der Grundlagen der bis heute bestehenden Edelsteinindustrie.

Nachdem die Eisenverhüttung in Katzenloch nicht mehr lukrativ war, wurde die Anlage zu einem wassergetriebenen Sägewerk umgerüstet, das bis um 1980 Bauholz zuschnitt. Seit 1987 wird das Sägewerk vom Besitzer Volker Stolz zu einer kulturhistorischen Stätte ausgebaut, in der neben der frühindustriellen Technik Oldtimer-Autos, eine Galerie mit moderner, experimenteller Kunst und nicht zuletzt eine edle Wein-Boutique zu finden sind. Im Sommer lädt direkt neben dem Wasserfall ein Gartencafé zum Verweilen ein.

Rund um den Geopark Krahloch

Von Bruchweiler zum Geopark Krahloch und über Katzenloch zurück

Wer einmal die verschiedenen Gesteine des Hunsrücks kennen lernen will, der findet im Geopark Krahloch handfestes Anschauungsmaterial. Damit die Landschaft nicht zu kurz kommt, wird dieser Ausflug mit einer Wanderung am Fuße des Idarwaldes verbunden.

DIE WANDERUNG IN KÜRZE

Anspruch

3.30 Std.
Gehzeit

14 km
Länge

Charakter: Leichte Wanderung, die aber ein wenig Ausdauer erfordert

Wanderkarten: WK 1:35 000 Deutsche Edelsteinstraße, TK 1:50 000 Naturpark Saar-Hunsrück

Einkehrmöglichkeiten: Gaststätten in Bruchweiler, Langweiler und Katzenloch. Im Sommer Gartencafé am Katzenlocher Sägewerk.

Anfahrt: Mit dem Auto von der Hunsrückhöhenstraße B 327 bei Morbach in Richtung Idar-Oberstein abbiegen und bis Bruchweiler zum Wanderparkplatz in der Ortsmitte fahren. Von Idar-Oberstein über die B 422 in Richtung Morbach/Trier fahren. In Katzerloch über Kempfeld nach Bruchweiler abbiegen und auf dem Wanderparkplatz parken.

Bruchweiler ist eines der typischen Dörfchen zwischen Idarwald und der Edelsteinstadt Idar-Oberstein. Viel alte Bausubstanz ist erhalten, und die stattliche Anzahl der Gaststätten zeugt vom Sinn für aufstrebenden Tourismus. Vom **Wanderparkplatz Bruchweiler** gehen wir zur Hauptstraße und halten uns rechts bis zur kleinen, aber schmucken evangelischen Kirche. Dort stoßen wir auf den Wegweiser zur Kurklinik, dem wir folgen. Kurz vor der Kurklinik zeigt ein Wegweiser nach links in Richtung Langweiler. Erst gehen wir durch Wiesen, später durch Wald, bis wir unten im Tal des Steinbachs das ehemalige Köhlerdorf **Langweiler** erreichen (1 Std.).

In Langweiler überqueren wir die Hauptstraße und folgen dem Wegweiser nach Sensweiler. Auf der ›Kuhtreppe‹ müssen wir rechts steil hinaufgehen, oben halten wir uns rechts, dann wieder links an der Gaststätte vorbei und immer geradeaus wieder aus dem Ort hinaus. Nachdem wir eine Pferdekoppel passiert haben, halten wir uns an der Wegekreuzung links. Der Blick schweift über die Steinbachtalsperre bis zum markanten Turm auf dem Wildenburger Kopf und hinunter nach Sensweiler.

Bald stoßen wir auf die Hauptstraße von **Sensweiler** (1.30 Std.), gehen einige Schritte nach links, bis rechts der Wegweiser zum Geologi-

Katzenloch ist eine kleine ehemalige Arbeitersiedlung

schen Freimuseum/Geopark zeigt. Diesem Schild folgen wir geradeaus den Berg hinunter. Bald umfängt uns wieder dichter Wald, bis sich rechts der Eingang zum Geologischen Freimuseum öffnet, der ab 2002 neu gestaltet als **Geopark Krahloch** eröffnet wird (1.50 Std.). Entlang des Weges finden wir dicke Brocken unterschiedlicher Gesteinsarten und können den Unterschied zwischen Taunusquarzit und Hunsrückschiefer ertasten. Unten öffnet sich die Wasserfläche des Krahloch-Weihers, der als Angelteich dient.

Hinter den Fischerhütten geht es weiter nach links auf einem Feldweg, auf dem wir uns immer links halten, bis wir wieder den befestigten Wald

weg erreichen. Nach rechts geht es über eine Brücke bis zur Bundesstraße 422. Diese überqueren wir und finden wenige Schritte nach links versetzt einen Waldweg, dem wir folgen. Nach etwa 60 Höhenmetern folgen wir nach links dem Wegweiser nach Katzenloch. Kurz vor Katzenloch stoßen wir auf das Blaue Andreaskreuz, das Zeichen des Europäischen Fernwanderweges 3 Atlantik–Ardennen–Böhmerwald. Das blaue Kreuz ist unser Zeichen für den ganzen Rest des Weges.

Katzenloch (2.30 Std.) ist eine alte Arbeitersiedlung, die zusammen mit einem Hammerwerk entstand. Der Name ist keltischen Ursprungs; ›cat‹ bedeutet so viel wie Sumpf und

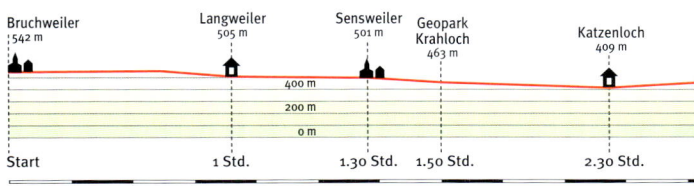

Bruchweiler 542 m	Langweiler 505 m	Sensweiler 501 m	Geopark Krahloch 463 m	Katzenloch 409 m
Start	1 Std.	1.30 Std.	1.50 Std.	2.30 Std.

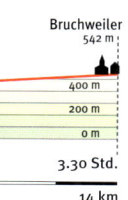

Bruchweiler
542 m

400 m

200 m

0 m

3.30 Std.

14 km

weist auf die Verhältnisse in den Niederungen des Idarbachs hin. Nach Schließung des Hammers entstand ein **Sägewerk,** dessen Gebäude wir besichtigen können.

Im Ort gehen wir neben der Straße nach Kempfeld. Kurz hinter dem Ortsschild führt links ein Weg hinunter zum Wasserwerk und nach Kempfeld. Wir lassen das Wasserwerk der Steinbachtalsperre links liegen und verlassen den befestigten Weg nach rechts in Richtung Bruchweiler, unser Ziel, das wir bald oben auf der Höhe vor uns sehen. Geradeaus geht es durch die Wiesen, vorbei an der Wüstung Balsbach, ein Dorf, das vor Generationen verlassen wurde. Immer leicht bergauf erreichen wir wieder unseren Ausgangsort **Bruchweiler** und den Wanderparkplatz (3.30 Std.).

Tour 25

Eine frühe Stätte der Christenheit

Von Leisel zu den Schwollener Quellen und nach Heiligenbösch

Durch tiefe Hunsrückwälder führt dieser Weg. Das sprudelnde Wasser von Schwollen ist ein letzter Gruß einer Millionen Jahre zurückliegenden Vulkanaktivität. In Heiligenbösch stehen wir vor einem der ältesten Kulturdenkmäler des Christentums im ganzen Hunsrück.

DIE WANDERUNG IN KÜRZE

+
Anspruch

Charakter: Leicht, nur mit mäßigen Steigungen. Auch für Kinderwagen geeignet.

Anfahrt: Mit dem Auto von der Bundesstraße 41 zwischen Birkenfeld und Idar-Oberstein in Niederbrombach abbiegen nach Wilzenberg-Hußweiler und Leisel. In Leisel rechts in die Burbacher Straße einbiegen und am Ende auf dem Waldparkplatz parken.

2.30 Std.
Gehzeit

Wanderkarten: WK 1:35 000 Deutsche Edelsteinstraße, TK 1:50 000 Naturpark Saar-Hunsrück

10 km
Länge

Einkehrmöglichkeiten: Gaststätten in Schwollen und Leisel

In Leisel und Schwollen erwartet uns eine bäuerliche Kulturlandschaft, zu der nicht nur Felder und Wiesen gehören, sondern auch der Wald. Noch heute deuten Flurnamen wie ›Bauernschlag‹, ›Die Gemeinschaft‹ und ›Hoffmannsheck‹ darauf hin, dass der Wald am Südhang des Hochwaldes zum Holzeinschlag genutzt wurde, oft in der Form der rund um Idar-Oberstein bis heute verbreiteten ›Heckengesellschaften‹, einer Art Genossenschaft. Nicht nur zum

Heizen wurde das Holz verwendet, sondern man wollte vor allem die Rinde mit ihren Inhaltsstoffen für die Lohgerberei gewinnen. Bis um 1960 wurde dieses Handwerk betrieben, dann löste Chemie die natürliche Gerbsäure aus Baumrinde ab.

Am **Leiseler Waldparkplatz** gehen wir zunächst den Waldweg hinauf in Richtung Hüttgeswasen/Ringkopf und folgen den Markierungen L 1 und L 3. Immer leicht ansteigend erreichen wir einen Weg, der den

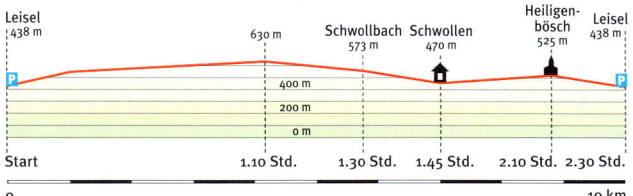

Leisel 438 m | 630 m | Schwollbach 573 m | Schwollen 470 m | Heiligenbösch 525 m | Leisel 438 m

400 m — 200 m — 0 m

Start | 1.10 Std. | 1.30 Std. | 1.45 Std. | 2.10 Std. | 2.30 Std.

0 — 10 km

Der Friedhof von Heiligenbösch

ganzen Südhang des Hochwaldrückens quert und seit altersher als eine Abkürzung zwischen Hüttgeswasen am Erbeskopf und Kirschweiler gilt und den Namen ›Strudtchaussee‹ trägt. Etwas weiter in Richtung Kirschweiler liegt ein rekonstruierter römischer Grabhügel, gekrönt von einem auf Pinienzapfen stehenden Adler.

Wir wenden uns jedoch nach links und sind nun für längere Zeit von den Wäldern zwischen Ringelkopf und Ringkopf umgeben. Nur ab und zu öffnen sich Ausblicke hinüber nach Idar-Oberstein und ins Nordpfälzer Bergland. Folgen wir vorläufig noch den Zeichen L 3/L 4, werden diese nach anderthalb Kilometern abgelöst von der Markierung S 4. Wir bleiben auf dem befestigten Weg immer geradeaus in Richtung Hüttgeswasen. Ganz gemächlich kommen wir auf eine Höhe von fast 630 m. Dort biegen wir mit unserem Zeichen S 4 nach links in Richtung Schwollen ab. Nun geht es etwas steil hinunter. An einem kleinen Rastplatz mit Bank und Baumstumpf halten wir uns links, immer weiter

hinab ins Tal des **Schwollbaches** (1.30 Std.).

Einige Minuten sollten wir uns für Naturbeobachtungen gönnen. Über uns befindet sich die Blockhalde des Haarrechs, links eine mächtige Eiche mit Astlöchern wie Riesenaugen, an denen sich der Specht zu schaffen macht, vor uns der Schwollbach, der in unzähligen Stufen herunterplätschert.

Zum Weiterweg halten wir uns links, das Tal des Schwollbachs hinab. Bald sehen wir fabrikähnliche Gebäude: Das sind die Sprudelfabriken von **Schwollen**. Unter den Namen Hochwaldsprudel, Diamantquelle und Schwollener Sprudel wird ein besonderer Schatz vermarktet: mineral- und kohlesäurehaltiges Wasser, das aus den Tiefen der geologischen Erdschichten aufsteigt und seine Existenz einem Millionen Jahre zurückliegenden Vulkanismus verdankt. An einem kleinen **Brunnen** (1.45 Std.) links des Weges können wir kosten, wie Sprudel frisch aus der Quelle schmeckt. Die roten Ablagerungen zeigen, dass das Mineralwasser stark eisenhaltig ist.

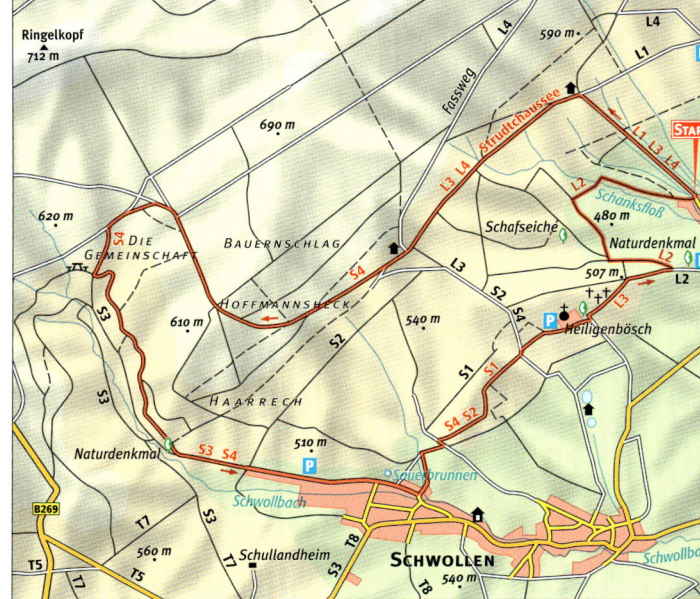

Wir gehen weiter geradeaus, bis wir die ersten Wohnhäuser von Schwollen erreichen. An einer dicken Eiche schickt uns das Zeichen S 4 links hinauf nach Leisel/Heiligenbösch. Nach den letzten Häusern folgen wir der Rechtskurve, halten uns nach 50 m links und sofort wieder rechts, uns immer am Zeichen S 4 orientierend. In der Senke zwischen Schwollen und Leisel liegt Bauernland wie aus dem Bilderbuch, zu jeder Jahreszeit in einer anderen Farbe. Am Sportplatz verlassen wir die Markierung S 4, die nach links abschwenkt. Wir halten uns dagegen geradeaus auf das Jugendheim und das kleine Kirchlein zu.

Die **Kirche Heiligenbösch** (2.10 Std.) ist zweifellos der Höhepunkt unserer Tour. Mit Grundmauern aus römischer Zeit gilt sie als eines der ältesten Zeugnisse christlichen Glaubens in der ganzen Hunsrückregion. Das Tor zum **Friedhof** wird von einer mächtigen Ulme bewacht, deren Äste schon den Boden berühren. Besondere Aufmerksamkeit verdienen die Grabsteine. Oft sind sie von beiden Seiten beschriftet, viele tragen Handwerkssymbole. Manche Grabsteine lassen Gestaltungsformen moderner Kunst freien Lauf. Andere wieder sind nur schlicht aus Holz geschnitzt oder aus Eisen gegossen. Und in der Mitte steht ein Kriegerdenkmal, das von einem Löwen gekrönt wird.

Wir gehen an der Friedhofsmauer weiter in Richtung Leisel. Bevor sich der Weg zu einer Kirschbaumallee hinabsenkt, biegt in spitzem Winkel ein Weg ab (Schild: Rundweg), wir nun in die Auwiesen des Schanksfloßes folgen. Am Ende des Weidezaunes folgen wir der Markie-

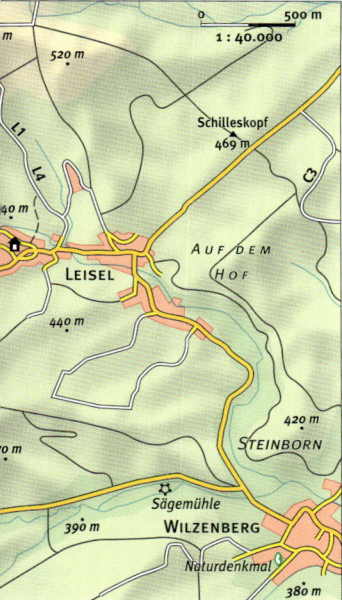

erreichen wir die Häuser von **Leisel.** Noch ein paar Schritte und an der Wegkreuzung links abbiegen, dann haben wir unseren Ausgangspunkt wieder erreicht (2.30 Std.)

Kirche Heiligenbösch

Umgeben von uralten Bäumen steht auf einer Anhöhe weithin sichtbar das Kirchlein. Zur Römerzeit lag hier ein Gutshof, auf deren Fundamenten im 7. und 8. Jh. ein christliches Heiligtum errichtet wurde. Die Kapelle wurde als Wallfahrtskirche Johannes dem Täufer gewidmet. Im Jahre 1730 wurde ein neues Kirchenschiff errichtet, erhalten blieb aber der Turm mit seinen romanischen Doppelarkaden. Um diese Zeit wurde die Empore der Kirche mit Malereien geschmückt. Die Orgel stammt aus dem Jahre 1838 und ist ein Werk der Sulzbacher Orgelbauerfamilie Stumm. Der Schlüssel zur Kirche ist über die Küsterin, A 06787/8236, oder über den Pfarrer, A 06787/ 524, in Leisel zu erhalten.

rung L 2 nach rechts und gelangen wieder in den Wald. An einem alten Schuppen vorbei, halten wir uns rechts, immer den Fahrspuren nach. Vorüber an der Jagdhütte ›Fuchsbau‹

Die Kirche Heiligenbösch

Tour 26

Sauerbrunnen und Graues Kreuz

Von Oberhambach zum Schwandelskopf und durchs Götzenbachtal

Im 17. Jahrhundert war Oberhambach noch ein Geheimtipp für Fürsten und Könige: Hier sprudelt eine der bekanntesten deutschen Heilquellen – bis heute. Nach einem kräftigen Schluck führt unsere Wanderung auf die Höhe des Schwandelskopfes zum Grauen Kreuz.

DIE WANDERUNG IN KÜRZE

+
Anspruch

2.30 Std.
Gehzeit

10 km
Länge

Charakter: Leicht, mit einigen Steigungen

Wanderkarten: WK 1:25 000 Wandergebiet Hochwald im Birkenfelder Land, TK 1:50 000 Naturpark Saar-Hunsrück

Einkehrmöglichkeiten: Gaststätten nur in Oberhambach. Unterwegs keine Möglichkeit.

Anfahrt: Mit dem Auto: Oberhambach liegt an der Bundesstraße 269 zwischen Birkenfeld und Morbach. Etwa fünf Kilometer hinter Birkenfeld dem Wegweiser zum Ferienpark Hambachtal folgen und von der Bundesstraße abbiegen. Nach hundert Metern liegt rechts der Wanderparkplatz am Sauerbrunnen.

Hinweis: Leere Flaschen für das heilkräftige Wasser mitbringen. Wer will, kann auch Badezeug einpacken und sich nach der Wanderung im Hallenbad des Ferienparks erfrischen. Die Markierungen der Wanderwege sind weitgehend verwittert. Wegezeichen werden nur dort angegeben, wo sie in der Natur auch zu sehen sind.

Neben dem **Parkplatz** erblicken wir den künstlerisch gestalteten Brunnen, aus dem ein Wässerchen sprudelt, das Oberhambach schon im Mittelalter zum Besuchermagneten gemacht hat. Sogar ein Kurhaus hat hier schon einmal gestanden, nach dem Dreißigjährigen Krieg betrie-

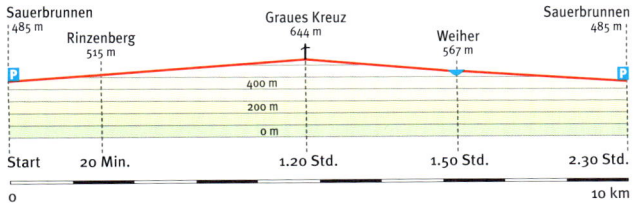

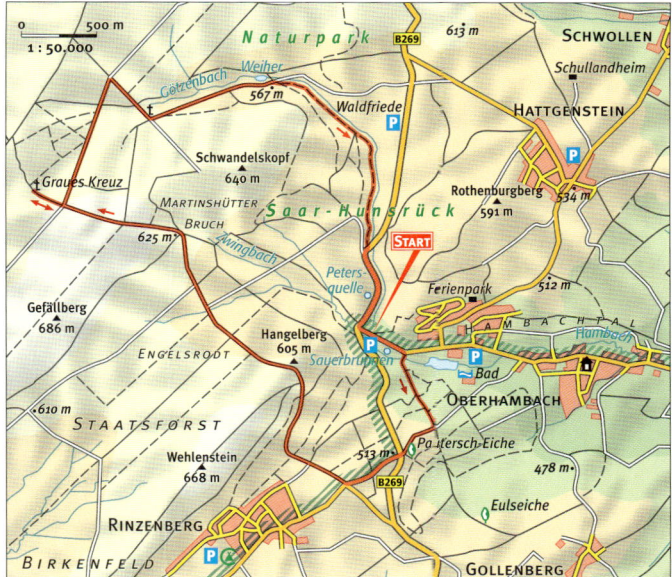

ben vom Markgrafen Karl Friedrich von Baden. Immerhin dreißig Gäste samt Dienerschaft konnte der Markgraf beherbergen, galt doch die Oberhambacher Heilquelle als eine der bekanntesten Deutschlands. Und natürlich probieren auch wir erst einmal von dem frischen, säuerlich schmeckenden Wasser mit hohem Eisengehalt. Vom Kurhaus ist heute nichts mehr zu sehen, dafür sind ein paar Schritte weiter unten die Sport- und Vergnügungsanlagen eines modernen Ferienparks entstanden.

Am **Sauerbrunnen** vorbei folgen wir für die ersten fünfzehn Minuten dem Zeichen O1, der Markierung des Markgraf-Karl-Friedrich-von-Baden-Weges. Über die Brücke gelangen wir auf die andere Seite des Hambachs, gehen noch einige Schritte am Bach entlang, um dann durch Fichtenwald auf die Höhe zu gelangen.

Oben auf der Höhe stoßen wir auf einen Wirtschaftsweg, dem wir nach rechts folgen. Wir nähern uns nun der ›Pautersch-Eiche‹, die als Naturdenkmal am Rande der Bundesstraße steht. Wir überqueren die Straße und gehen auf **Rinzenberg** zu. Nach rund 150 m, noch bevor wir das eigentliche Dorf erreichen, biegen wir nach rechts ab (20 Min.). Vorbei an Viehweiden und Pferdekoppeln halten wir auf den Wald zu, der sich hinauf zum Gipfel des Schwandelkopfes zieht.

Wir folgen dem Weg, der in langem, aber dafür sachtem Anstieg an Höhe gewinnt. Wir halten uns immer geradeaus durch den lichten Baumbestand des Hochwaldes, bis wir schließlich den Sattel zwischen Gefällberg (696 m) und Schwandelskopf (640 m) erreichen. An der folgenden Wegkreuzung gehen wir zunächst noch weiter geradeaus.

Das Graue Kreuz im Wald oberhalb von Rinzenberg

Nach etwa zweihundert Metern sehen wir linker Hand ein arg verwittertes Kreuz, umgeben von vermodernden Baumstümpfen. Das **Graue Kreuz** (1.20 Std.) erinnert an schreckliche Ereignisse, die sich hier im Rinzenberger Forst zugetragen haben sollen. Während des Dreißigjährigen Krieges soll hier 1632 der Schwedenkönig Gustav Adolf die Spanier, die auf Seiten des österreichischen Königs Ferdinand I. kämpften, in einer Schlacht vernichtend geschlagen haben. Später fanden die Bürger von Rinzenberg die Gefallenen weit verstreut im Dickicht und begruben sie in einem Sammelgrab. An die vielen unbekannten Toten sollte ein Holzkreuz erinnern, das bald ›Kreuz des Grauens‹ genannt wurde. Daraus wurde dann das ›Graue Kreuz‹.

Eigenartig berührt es, wenn man weiß, dass sich unten im Tal, zwischen Thranenweier und Börfink, der Eingang zu einem verbunkerten Kriegshauptquartier der NATO befindet. Jahrzehntelang sollten von hier aus Truppen kommandiert werden, deren Aufgabe es gewesen wäre, ein atomar verseuchtes Deutschland zu ›verteidigen‹, obwohl danach niemand mehr ein ›Kreuz des Grauens‹ hätte aufstellen können. Als sich dann der damalige Feind Sowjetrussland aus der Weltgeschichte verabschiedete, wurde der Bunker von der NATO an die Bundeswehr übergeben, die nun einen neuen ›Sinn‹ für die Anlage tief unter dem Ruppelstein sucht.

Vor dem Grauen Kreuz finden wir den Grenzstein Nr. 151 aus dem

Jahre 1853, der das Königreich Preußen (K. P.) vom Großherzogtum Oldenburg (G. O.), also das Rheinische Oberland vom Birkenfelder Land trennte.

Rund um das Graue Kreuz sammeln sich die Wasser, die weiter unten bei Börfink als ›Guter Bure‹ wieder zu Tage treten. Dieser heilkräftige Brunnen (mundartlich: Bure) gibt nach Überlieferungen sogar Blinden das Augenlicht zurück. Ein blinder Schäfer hatte einmal mit seinem Stock im Waldboden herumgestochert, als plötzlich das Wasser des Guten Bure emporschoss. Als er seine blicklosen Augen in dem Quell kühlte, konnte er plötzlich wieder sehen. Im vorigen Jahrhundert war der Gute Bure Ziel zahlreicher Bittgänge.

Wir gehen die zweihundert Meter wieder zurück bis zur Wegkreuzung und folgen jetzt dem Wegweiser ›Hattgenstein‹ und der Markierung O 3 nach links. Wir umrunden den Gipfel des **Schwandelskopfes.** Nach etwa 15 Min. biegt O 3 nach rechts ab und wir folgen weiter diesem Zeichen. Etwas aufwärts erreichen wir ein **Kreuz,** an dem wir uns links halten. Bald bemerken wir linker Hand einen kleinen Bach, den **Götzenbach,** der uns auf dem Rest unseres Weges begleiten wird. Ganz überrascht stehen wir plötzlich an einem **Weiher,** der zu einer kurzen Rast einlädt. Ein Findling bildet eine kleine Insel, ringsum leuchten hellgrüne Birken (1.50 Std.).

Hinter dem Weiher nehmen wir den zweiten Weg nach rechts hinab, immer dem Götzenbach folgend. Auch an der folgenden Wegegabelung halten wir uns links am Bach entlang. Einsam geht es zwischen Felsen und Sumpfwiesen immer weiter hinunter, bis wir die Bundesstraße erreichen und an deren Rand wir nach rechts die letzten Schritte zum Ferienpark Hambachtal gehen. Wir stoßen auf ein altes Brunnengebäude, die ›Petersquelle‹, die aber ausgetrocknet ist. Hier strömte ursprünglich das Heilwasser für das markgräfliche Kurhaus. Doch die Herren des Straßenbaus haben es geschafft, auch diese Quelle zum Versiegen zu bringen. Weiter unten, am Wanderparkplatz, gelang es später, die Wasserader anzubohren und die Quelle neu zu fassen.

Schräg gegenüber der Petersquelle geht nach links die Straße nach **Oberhambach** und zum Ferienpark ab. Nach wenigen Metern sind wir zurück an unserem Ausgangspunkt und können noch einmal das sprudelnde Mineralwasser genießen (2.30 Std.).

Requiem am Badesee

Vom Bostalsee zur Nahequelle und über den Römerhof zurück

Diese Wanderung führt vom Bostalsee über ruhige Waldwege zur Nahequelle. Künstlerische Akzente an unserem Weg setzen das Kunstzentrum Bosener Mühle und die ›Straße der Skulpturen‹ mit Shelomo Selingers Werk ›Requiem für die Juden‹.

DIE WANDERUNG IN KÜRZE

+
Anspruch

Charakter: Leicht, ohne große Steigungen, aber lang

4.30 Std.
Gehzeit

Wanderkarte: TK 1:50 000 Naturpark Saar-Hunsrück

16 km
Länge

Einkehrmöglichkeiten: Gaststätten und Restaurants in Bosen und Selbach sowie im Römerhof

Anfahrt: Mit dem Auto über die Autobahn A 62 Kaiserlautern–Trier, Abfahrt Nohfelden/Türkismühle. Nach der

Abfahrt rechts halten (Bostalsee ist ausgeschildert) und unter der Autobahnbrücke nach links in Richtung Bosen abbiegen. Durch Eckelhausen hindurchfahren, dann geht es noch vor Bosen nach links zum Parkplatz Bosener Mühle ab. (Im Sommer gebührenpflichtig. Bei sonnigen Wetter ist wegen des großen Besucherandrangs eine frühe Ankunft ratsam.)

Das **Kunstzentrum Bosener Mühle** gibt gleich den richtigen Einstieg in unsere Wanderung mit künstlerischen Akzenten. Mit großem Aufwand hat hier das Saarland ein Ausstellungszentrum geschaffen, das allein einen Besuch lohnt. Während des Sommers werden hier allerlei Kurse für künstlerisch Interessierte

veranstaltet, vom Zeichnen bis zum Töpfern, vom Malen bis zum Bildhauen. Im Garten befindet sich eine Bildhauerwerkstatt unter freiem Himmel, wo man beobachten kann, wie aus einem Stein ein Kunstwerk wird. Und der Blick auf den See setzt bei den Künstlern unterschiedlichste Phantasien frei, wie man anhand

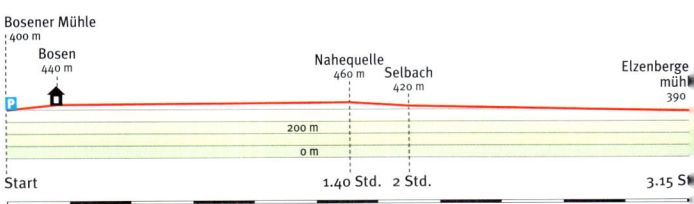

120

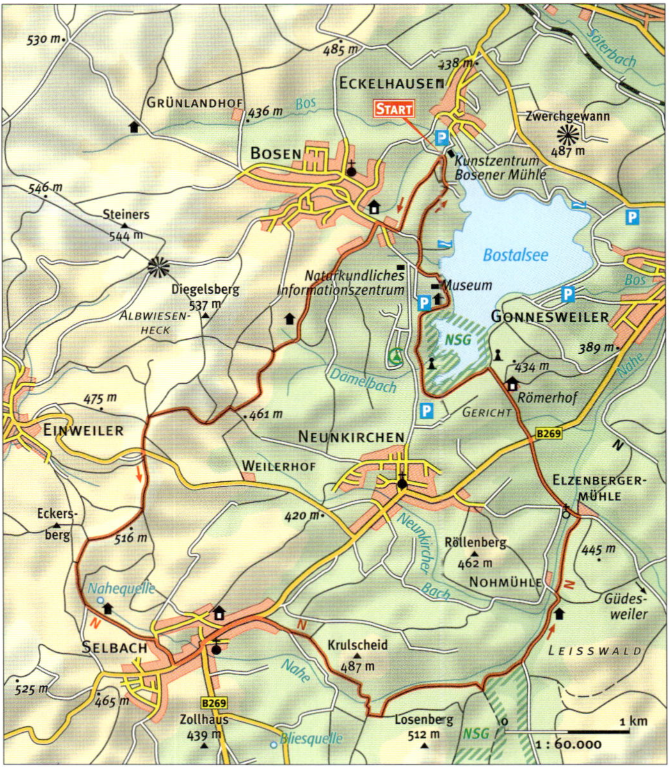

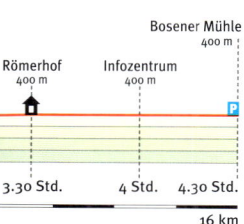

der aufgestellten Plastiken sehen kann.

Unser Weg führt direkt gegenüber der Einfahrt zur Bosener Mühle den steilen, mit groben Kieseln geschotterten Weg hinauf. Nur wenige Meter höher genießen wir nach links den Blick auf den Bostalsee, nach rechts hinunter nach Bosen. Der **Bostalsee** ist ein in den siebziger Jahren kürzlich angelegter Freizeit- und Badesee. Der rund 23 m hohe Staudamm befindet sich am anderen Ende bei Gonnesweiler. Der Wasserspiegel erstreckt sich über 118 Hektar – damit wurde hier die größte Wasserfläche im deutschen Südwesten geschaffen. Da hier fast alle Arten des Wassersports vom Segeln bis zum Surfen, vom Schwimmen bis zum Angeln betrieben werden können, zieht der See vor allem im Sommer Gäste aus dem ganzen Saarland und auch aus Lothringen und Lu-

Die Nahequelle im Wald bei Selbach

xemburg an. Dann wird es oft etwas voll und rummelig an den Ufern des Sees, die wir jedoch bald verlassen, um in die Ruhe der umgebenden Wälder abzutauchen.

Bald erkennen wir vor uns das **Seehotel.** Wir gehen vor dem Hotel vorbei und gelangen in den Ort **Bosen** (15 Min.). An der Hauptstraße (Bostalstraße) halten wir uns rechts, um nach wenigen Metern auf der anderen Straßenseite nach links in die Nebenstraße **Im Hirzenbruch** (Wegweiser Hotel Seeblick) einzubiegen. An den Schilderpfosten finden wir auch unsere Markierung, einen schwarzen Kreis mit einer gepunkteten Linie, das Zeichen für einen Verbindungsweg zum Rundwanderweg St. Wendeler Land.

Vorbei an Einfamilienhäusern erreichen wir bald den Wald. An der Weggabelung geht es rechts hinauf, immer unserem Zeichen folgend. (Nicht durch diverse Rundwander-Schilder irritieren lassen.) Vorbei an einer Schutzhütte am Fuße des Diegelsberges genießen wir den Blick in die Auen des Dämelbachs.

An der Einmündung auf einen anderen Weg halten wir uns rechts leicht bergauf. Weiter oben im Wald erreichen wir eine Kreuzung, an der wir uns links halten. Unser Zeichen ist jetzt ein roter Punkt (Abzweig des Saar-Hochwald-Weges) und der schwarze Kreis (Rundwanderweg St. Wendeler Land). Bald überqueren wir die Landstraße zwischen Neunkirchen und Eiweiler und folgen weiter unserem Zeichen, abwechselnd durch Wald und Wiesen, bis wir rechter Hand die **Nahequelle** entdecken (1.40 Std.).

460 m über dem Meer entspringt hier die Nahe, die südliche Begrenzung des Hunsrücks, um nach 112 km als beachtlicher Fluss bei Bingen in den Rhein zu münden. Bis dahin bringt der Fluss immerhin 383 Höhenmeter hinter sich. Die manchmal etwas spärliche Quelle tritt an einem Hang zutage; das Wasser wird zunächst in einem Becken gesammelt und legt dann die ersten Meter in einer gemauerten Rinne zurück. Auch an der Nahe hat also das offenbar unwiderstehliche Bestreben nach einer vermeintlich schmuckvollen ›Quellfassung‹ die einstmals natürliche Quelle zerstört. Trotzdem – ein Schluck des frischen Quellwassers sei zur Erfrischung empfohlen.

Wir halten uns weiter geradeaus, an einem Tretbecken vorbei bis zur Schutzhütte. Unser Zeichen ist ab jetzt das N des Naheweges. Vor der Hütte halten wir uns links und erreichen das **Wildfreigehege** mit Hirsch-, Dam- und Sikawild. Am Zaun des Geheges wenden wir uns nach rechts und gelangen im Tal der jungen Nahe an Teichen vorbei nach **Selbach.** An der Einmündung unseres Weges auf die Straße halten wir uns rechts, bis wir an einem Bauernhof die Primstaler Straße erreichen, in die wir links einbiegen (2 Std.).

Nach etwa hundert Metern gabelt sich die Straße – und genau gegenüber sehen wir hinter einer Plexiglaswand mit rosa gestrichenen Streben die **Kathreinenkapelle**. Ihr Turm stammt aus dem 13. und der Kapellensaal aus dem 16. Jh. Sehenswert sind der spätbarocke Kreuzweg und die Renaissanceglocke aus dem Jahre 1509.

Die Skulptur ›Requiem für die Juden‹ von Shelomo Selinger

Wir gehen weiter nach links in Richtung Bostalsee, bis rechts die Schafbrücker Straße abgeht. Hier folgen wir weiter unserem Zeichen N. Am Ende der Pferdekoppel halten wir uns weiter geradeaus den Berg hinauf, bleiben aber unterhalb des Krulscheid-›Gipfels‹ (487 m). Bald geht es wieder hinunter zur Nahe, die jetzt schon merklich breiter geworden ist. Wir überqueren den Bach und halten uns an der Weggabelung links, immer dem N folgend, bis wir auf die Kapelle der **Elzenbergermühle** stoßen (3.15 Std.). Aus der früheren Mühle sind inzwischen einige Gästehäuser umliegender Hotels geworden. An der Kapelle halten wir uns links. Wir verlassen jetzt die Talauen der Nahe und orientieren uns an dem rot-weißen Balken des Saarland-Rundwanderweges in Richtung Bostalsee. Bald überqueren wir die Straße von Neunkirchen nach Gonnesweiler und sehen drüben den **Römerhof** (mit einer Gaststätte), den wir nach wenigen Schritten erreichen (3.30 Std.).

Vom Römerhof sind es nur ein paar Meter bis zum Uferrundweg des Bostalsees. Links an der Einmündung steht die fünf Meter hohe **Sandstein-Skulptur ›Requiem für die Juden‹**.

Der aus Polen stammende und heute in Israel lebende Bildhauer Shelomo Selinger (geb. 1928) ist während der Nazizeit in neun Konzentrationslagern gequält worden. Selinger war 1980 nach St. Wendel gekommen, um eine Skulptur zur Erinnerung an den jüdischen Bildhauer und Maler Otto Freundlich zu schaffen, der 1944 im Konzentrationslager Majdanek ermordet wurde. Am Ufer des Bostalsees entstand dann ein anderes Werk, als es der Künstler zunächst geplant hatte. Später schrieb er: »Nach der Befreiung aus dem Konzentrationslager befand ich mich zum ersten Mal wieder in Deutschland. Je mehr ich den Stein bearbeitete, um so mehr kamen die Formen heraus. Vom Hammerschlag begleitet sang ich das Requiem für die Juden.« Vielfältig sind diese Formen: ein Mensch, der sich die Augen zuhält, um sein letztes Gebet zu sprechen; ein Cello, das das Requiem spielt; der Anfang einer Gebetszeile; die Flammen der Erinnerung und eine segnende Hand.

Wir wenden uns nach links, um den Rest unseres Weges am Ufer des Bostalsees zurückzulegen. Vorbei am künstlich angelegten Biotop, stoßen wir auf eine weitere Skulptur: den ›Liebesthron‹ von Leo Kornbrust. Natürlich darf das vier Meter hohe Kunstwerk auch bestiegen werden.

Etwas weiter gelangen wir zum Verwaltungskomplex des Bostalsees mit der Tourist-Information und dem Bootshafen. Uns interessiert vor allem das **Naturkundliche Informationszentrum** (4 Std.). Hier können wir uns einen Überblick über Natur und Landschaft im Naturpark Saar-Hunsrück verschaffen, über Gesteine und Mineralien, Tiere und Pflanzen, über Nahrungsketten und Ökosysteme. (Von Ostern bis zum 31. Oktober geöffnet: mittwochs und samstags von 14 bis 18 Uhr, sonn- und feiertags von 10 bis 18 Uhr.)

Immer weiter am Ufer des Bostalsees entlang, erreichen wir an einem Segelyachthafen vorbei wieder unseren Ausgangspunkt, das **Kunstzentrum Bosener Mühle** (4.30 Std.).

Vom Weinberg zum Salzkopf

Tour 28

Von Oberheimbach in den Binger Wald und auf den Rheinhöhenweg

Diese Wanderung führt aus dem Heimbachtal, einem Seitental des Mittelrheins, hinauf zum ehemaligen Forsthaus ›Lauschhütte‹. Wer will, kann den Salzkopf erklimmen. Und wir erleben ein Stück aus einem der größten geschlossenen Waldgebiete Deutschlands.

DIE WANDERUNG IN KÜRZE

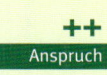

++
Anspruch

4.30 Std.
Gehzeit

16 km
Länge

Charakter: Weite Wanderung mit einigen starken Anstiegen. Große Teile des Weges führen durch schattige Wälder.

Wanderkarten: WK 1:25 000 Walderholungsgebiet Rhein-Nahe/Binger Wald, TK 1:50 000 Der Soonwald

Einkehrmöglichkeiten: Gaststätten in Oberheimbach und unterwegs im Forsthaus Lauschhütte (montags Ruhetag) .

Anfahrt: Niederheimbach am Rheinufer ist über die Bundesstraße 9 **mit dem Auto**, über die **Bahnlinie 471** (linke Rheinstrecke, aber nur der StadtExpress hält) und **per Schiff** (Köln-Düsseldorfer) erreichbar. Nach Oberheimbach dann **per Bus** oder **Taxi** fahren (etwa 3 km). Mit dem **Auto** von der B 9 nach Oberheimbach abbiegen und durch den ganzen Ort hindurchfahren bis zur Heiligkreuzkapelle am oberen Ortsende. Dort parken.

Der Binger Wald ist dem Soonwald im Osten vorgelagert und schließt den Hunsrück zum Rheintal hin ab. Höchster Gipfel des Binger Waldes ist mit 637 m der Kandrich, leider verunstaltet durch eine verlassene Raketenstation, dann folgt schon der Salzkopf mit 628 m. Von diesen Höhen geht es ausgesprochen steil ins 550 m tiefer gelegene Rheintal hinunter. Der Binger Wald ist bis heute nicht von Straßen durchschnitten, so dass er mit rund 9000 Hektar Laub- und Nadelwald als eines der größten geschlossenen Waldgebiete Deutschlands gilt. Auf unserem Weg steigen wir aus den Weinbergen im Heimbachtal aufwärts in die dichten Wälder rund um den Salzkopf, um den nördlichen Teil des Binger Waldes kennen zu lernen.

Von der **Oberheimbacher Heiligkreuzkapelle** gehen wir am Spielplatz und am Feuerwehrhaus vorbei und links den Weg bergauf. Wir folgen den Markierungen RV (Verbindungsweg zum Rheinhöhenweg) und grünes Dreieck. Bald stoßen wir auch auf einen Wegweiser zur Lauschhütte. Schnell verlassen wir den Bereich der Gärten und Weinberge und blicken noch einmal durch den weiten Einschnitt des

Heimbachtales hinunter bis zum Rhein. An einer Weggabelung halten wir uns rechts, immer weiter bergauf dem Zeichen RV folgend. An der nächsten Wegkreuzung halten wir uns immer weiter geradeaus bergauf, uns hier wieder am Wegweiser Lauschhütte orientierend.

Auch an der nächsten Wegkreuzung halten wir uns geradeaus den Berg hinauf. Jetzt sehen wir wieder die Markierung Grünes Dreieck. Ganz oben auf der Höhe stoßen wir auf einen Weg mit berühmten Zeichen: das R des Rheinhöhenweges von Bingen nach Koblenz und der Römerkopf des Ausoniusweges, der der Trasse einer alten Römerstraße von Bingen nach Trier folgt (siehe Wanderung 5). Zunächst halten wir uns links und erreichen nach wenigen Schritten die **Lauschhütte** (1.30 Std.).

Früher Forsthaus, heute Waldgaststätte liegt die Lauschhütte in 580 m Höhe auf der Sonnenterrasse des Binger Waldes – wie die Speisekarte ohne Übertreibung behauptet. Der Name weist übrigens auf den hiesigen Wildreichtum hin. ›Lauschen‹ bedeutet in der Jägersprache nichts anderes als ›Wild beobachten‹.

Abstecher: Wenn wir noch nicht allzu müde vom bisherigen Aufstieg sind, können wir uns den Gipfel des **Salzkopfes** (628 m) vornehmen. Wir gehen auf dem R-Weg nach rechts weiter und folgen dem Wegweiser zum Salzkopf, den wir in gut einer Viertelstunde erreichen. Vom **Aussichtsturm** bietet sich ein weiter Blick hinunter ins Rheintal und hinüber in den Taunus. Nach dem Rundblick gehen wir wieder auf gleichem Weg zurück zur Lauschhütte (zusätzlich 30 Min.).

Zum Weiterweg folgen wir dem R und dem Ausoniuskopf in Richtung Dichtelbach. Auf den ersten fünfzig Metern benutzen wir die gleiche Strecke wie auf dem Herweg, gehen dann aber geradeaus, uns immer am R orientierend. Nachdem wir eine große Stromleitung unterquert haben, geht es wieder etwas hinauf durch dichten Fichtenwald zum **Ohligsberg** (609 m – 2.30 Std.).

Wieder bergab folgen wir weiter dem R und dem Wegweiser nach Dichtelbach. Ab und zu öffnet sich der Blick auf die im Westen ansteigenden Soonwald-Gipfel. Plötzlich stehen wir am Zaun einer verlassenen Militäranlage. Hier halten wir uns rechts am Zaun entlang und dann weiter bergab dem R folgend. Bald kreuzen wir einen befestigten Waldweg, den wir geradeaus überqueren. Linker Hand liegt nun eine eingezäunte, weitläufige Koppel, rechts eine dichte Fichtenschonung. Wir erreichen eine Wegkreuzung, die von der uns schon bekannten Stromleitung überquert wird. Hier verabschieden wir uns vom R des Rheinhöhenweges und biegen nach

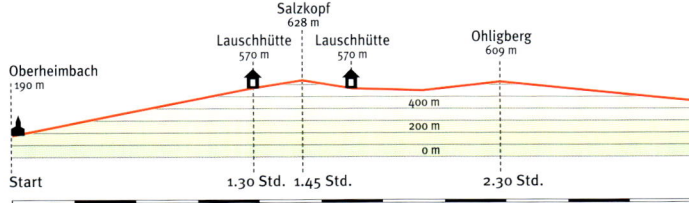

rechts in den Wirtschaftsweg ein, der zunächst über offene Wiesen immer weiter bergab in Richtung Rheintal führt. Bald erreichen wir den Rand des **Eckwaldes,** eines ausgedehnten Forstes am Nordrand des Binger Waldes (3.30 Std.).

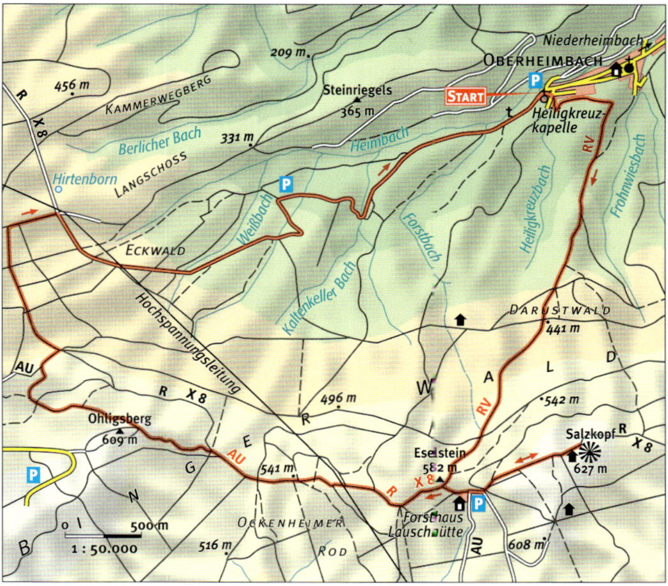

Wir halten uns immer geradeaus auf dem Forstweg, der uns ohne Markierung in einer Dreiviertelstunde ins Tal führt. Vom Hang kommen mehrfach Wege herunter, wir bleiben aber auf dem Weg geradeaus und bergab. An einer Wegeinmündung gibt uns ein Wegweiser nach Oberheimbach zusätzliche Sicherheit. Bald erkennen wir auf dem gegenüberliegenden Hang schon die ersten Weinberge des Heimbachtales. An einem großen Wegekreuz können wir den Blick in das obere Heimbachtal genießen. Weiter geht es geradeaus auf dem Forstweg. Bald sehen wir hinter einer Kurve schon den schlanken Turm der **Heiligkreuzkapelle.** Jetzt sind es nur noch wenige Minuten, bis wir unseren Ausgangspunkt erreicht haben (4.30 Std.).

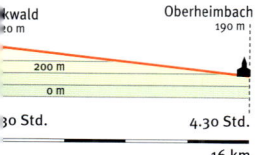

Rendezvous mit Schinderhannes

Vom Ellerspring zur Wildburghöhe und über den Simmernkopf zu den Glashütter Wiesen

Diese große Rundwanderung führt in den tiefsten Soonwald, der als Revier zweier Volkshelden gilt: des Räuberhauptmanns Schinderhannes und des Jägers aus Kurpfalz. Neben drei Gipfeln erleben wir das Naturschutzgebiet Glashütter Wiesen.

DIE WANDERUNG IN KÜRZE

++
Anspruch

4.30 Std.
Gehzeit

17 km
Länge

Charakter: Etwas schwierig wegen der Länge der Wanderung und einiger steiler Anstiege

Wanderkarten: WK 1:25 000 Sobernheim und Umgebung, TK 1:50 000 Der Soonwald

Einkehrmöglichkeiten: Unterwegs keine. Daher an Rucksack-Proviant denken. Nach der Wanderung können Gaststätten in Tiefenbach und Kreershäuschen angesteuert werden.

Anfahrt: Mit dem Auto die Bundesstraße 50 bei Simmern verlassen und über Holzbach und Tiefenbach in Richtung Kreershäuschen/Winterbach fahren. Am höchsten Punkt der Straße zwischen Tiefenbach und Kreershäuschen befindet sich linker Hand der Wanderparkplatz Ellerspring.

Diese Wanderung ist eine reine Höhentour. Auf unserem langen Weg werden wir die Höhe von 490 m über Normalnull nicht unterschreiten. Wie von einem Balkon werden wir die Simmerner Mulde und einen großen Teil der Hunsrückhochfläche überschauen. Wald und sumpfige Hochtäler wechseln sich ab.

Entenpfuhl heißt dieser Forstamtsbereich und ein bekanntes Volkslied berichtet von einem Förster, der das Wild daherschießt, wie es ihm gefällt. Ja, hier hatte der berühmte ›Jäger aus Kurpfalz‹ seine Jagdgründe. Und auch der Räuberhauptmann Schinderhannes hatte hier sein Revier, wusste der doch in

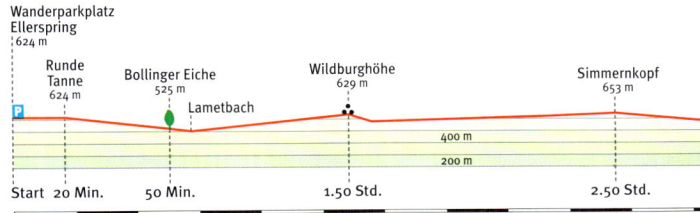

Wanderparkplatz Ellerspring
624 m

Runde Tanne
624 m

Bollinger Eiche
525 m

Lametbach

Wildburghöhe
629 m

Simmernkopf
653 m

400 m

200 m

Start   20 Min.   50 Min.   1.50 Std.   2.50 Std.

0

Die Wildburghöhe

den Tiefen des Soonwaldes eine ganze Reihe von Verstecken. Heute werden wir, natürlich mit viel friedvolleren Absichten, auf den Spuren der beiden so unterschiedlichen Volkshelden wandeln.

Vom **Wanderparkplatz Ellerspring** gehen wir zurück zur Straße, überqueren diese und folgen drüben geradeaus dem **Rennweg,** einem uralten Verbindungsweg, der über den Kamm hinunter zur Alten Monzinger Straße ins Nahetal führt. Wir orientieren uns am blauen Andreaskreuz, dem Wanderzeichen des **Europäischen Fernwanderwegs E 3** Atlantik–Ardennen–Böhmerwald. Nach

rechts blicken wir hinunter in die sumpfigen Wiesen des Lametbaches, nach links geben die von den Orkanen des Jahres 1990 zerzausten Wälder des Öfteren den Blick frei hinunter ins Entenpfuhlener Revier. Allein im Bereich dieses Forstamtes haben die Stürme eine halbe Million Festmeter Holz gefällt. Zur Zeit erfolgt eine Wiederaufforstung mit standortgerechten laubholzreichen Mischwäldern.

Bald gelangen wir an ein Gatter, das mitten auf einer Wegkreuzung steht und ein kleines Nadelbäumchen umfasst. ›Runde Tanne‹ ist auf einem Balken zu lesen (20 Min.). Der Vorgängerbaum, eine mächtige Fichte, keine Tanne, ist eingegangen. Nicht der Sturm hat den Riesen gefällt, sondern das Militär hat der Fichte den Garaus gemacht. Während der Kuba-Krise waren die Höhen des Soonwaldes offenbar von weltstrategischer Bedeutung. Amerikanische Soldaten rückten zu Hunderten an, um die westliche Freiheit

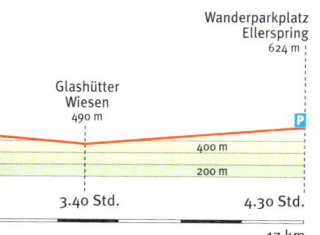

zu verteidigen. Und eine Panzerbesatzung ließ das Öl einfach neben dem Baum ab. Die Fichte kränkelte einige Jahrzehnte vor sich hin, bis sie endgültig abstarb. Jetzt muss sich der Tannensetzling anstrengen, um einmal ›rund‹ zu werden.

Wir gehen weiter geradeaus und folgen dem Wegweiser in Richtung Alteburg, vorbei an gewaltigen Windbruchflächen. Nach einer halben Stunde weist uns ein Wegweiser nach rechts zur Wildburg. Hier verlassen wir den Rennweg mit dem Andreaskreuz und gehen steil hinunter ins Lametbachtal. Weiter unten kreuzen wir einen Weg, dem wir (am Telefonmasten 11a) nach links folgen. Nach etwa hundert Metern sehen wir die einzeln stehende **Bollinger Eiche** (50 Min.). Revierförster Mathias Bollinger hat hier noch im Alter von 102 Jahren einen Hirsch in die ewigen Jagdgründe geschickt, bevor er ihm ein Jahr später selber folgte. Vor der Eiche gehen wir den Weg rechts hinunter und erreichen bald den **Lametbach,** der hier in der Senke zwischen zwei Soonwaldkämmen sumpfige Wiesen und Brücher bewässert, ein schwer zugängliches Gebiet von eigenartigem Reiz. Wir überqueren den Bach und gehen drüben fast so steil hinauf, wie wir kurz zuvor hinuntergingen.

Wenn wir aus dem Wald heraustreten, sehen wir vor uns das **Forsthaus Wildburg.** Ein idyllischer Weiher in den Waldwiesen lädt zu einer kurzen Rast ein. An der Wegkreuzung gehen wir nach links, um nach etwa zehn Minuten nach rechts hinauf abzubiegen, bis wir den Kamm erreichen. Hier stoßen wir auf den Weg W 1/T 3, auf dem wir in wenigen Schritten zum Gipfel der **Wildburghöhe** (629 m) gelangen (1.50 Std.).

Noch ein paar Meter weiter, und wir stehen plötzlich vor einer zehn Meter hohen Quarzitklippe. Beim Umrunden des Felsens stoßen wir auf Mauerwerk und wir können

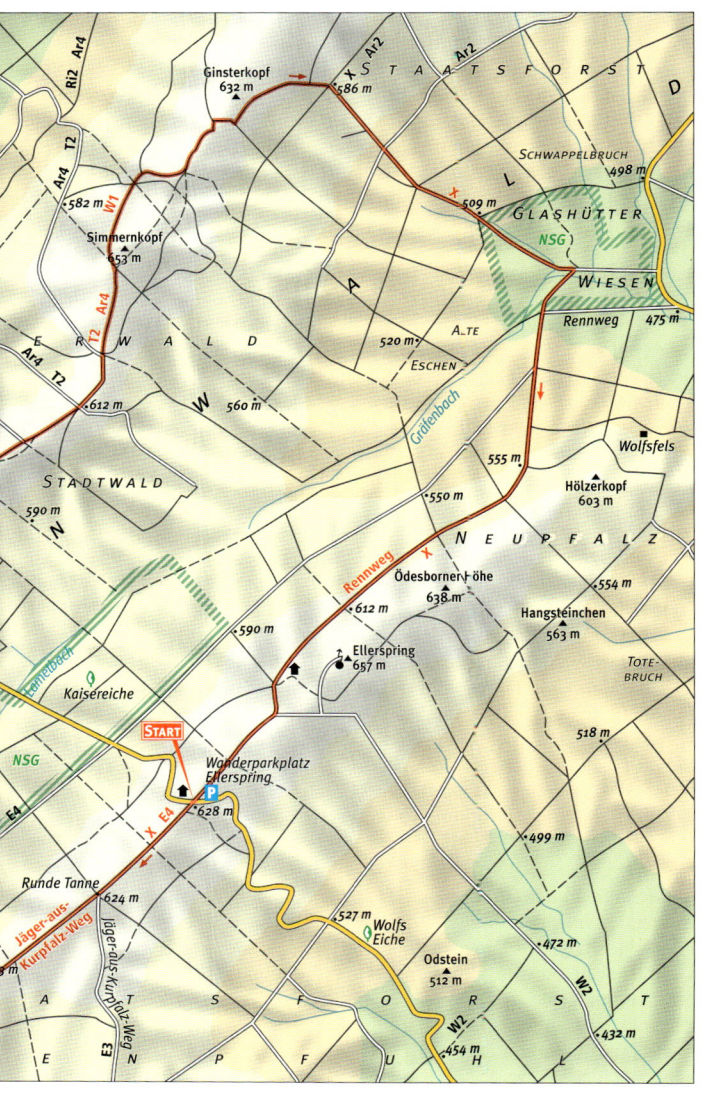

kaum noch unterscheiden, was ›gewachsener‹ Stein und was Kunstgebilde von Menschenhand ist. Natürlicher Felsen und die Ruinen einer einst großen Burganlage sind

während jahrhundertelanger Verwitterung eine Symbiose des Verfalls eingegangen.

Die Reichsfeste Wildburg auf dem **Wildburgkopf** (629 m) wurde erstmals 1253 erwähnt. Ab 1283 gehörte die Burg dem Ritter von ›Wiltperg‹. Hundertfünfzig Jahre später diente sie den Simmerner Pfalzgrafen als Jagdschloss. Seit Anfang des 18. Jh. ist die Wildburg dem Zugriff der Naturgewalten überlassen. Die alten Eschen, Buchen und Ahornbäume ringsum sind mittlerweile höher, als es der Bergfried je gewesen ist.

Weiter gehen wir auf dem Pfad W 1/T 3, der uns durch Buchenbestände und Kahlflächen zum **Kohlweg,** dem Kammweg zum Simmernkopf, führt. Von hier oben bietet sich ein weiter Blick. Links auf der Höhe liegt Kirchberg mit seinen charakteristischen Türmen. Unten zwischen den Wiesen ragen die beiden spitzen Kirchtürme des Ravengiersburger Hunsrückdoms hervor. Wieder etwas höher sehen wir die einsame weiße Nunkirche, der sich nach rechts in der ›Simmerner Mulde‹ das Kreisstädtchen Simmern anschließt, in dessen Turm Johannes Bückler, Schinderhannes genannt, vor seiner Hinrichtung in Mainz ein halbes Jahr lang eingesperrt war.

Etwa eine halbe Stunde vom Wildburgkopf entfernt überqueren wir die Straße nach Tiefenbach.

Variante: Sollten wir die Wanderung abbrechen müssen, folgen wir der Straße nach rechts und gelangen in etwa einer halben Stunde zu unserem Parkplatz.

Zum Weiterweg folgen wir immer weiter geradeaus unsere Markierungen. Etwa zwanzig Minuten nach Überqueren der Straße biegt T 3 links hinunter ab nach Tiefenbach, wir bleiben jedoch über mehrere Kreuzungen hinweg geradeaus auf W 1. An einer Wegespinne erreichen wir die **Flack-Buche,** benannt nach

einem im Ersten Weltkrieg gefallenen Förster. Hier folgen wir dem Wegweiser zum Simmernkopf. Nun sind wieder einige Höhenmeter zu überwinden, bis wir auf dem Gipfelplateau des **Simmernkopfes** (653 m) stehen (2.50 Std.).

Jetzt verlassen wir W 1 und halten uns an der Weggabelung rechts. Wir folgen dem Zeichen Kreis mit Querbalken und einer 5. Durch dunklen Fichtenwald hindurch halten wir uns an einem Hochsitz weiter geradeaus. Später erreichen wir wieder lichten Buchenwald, bis sich der Weg am **Ginsterkopf** (633 m) verzweigt. Wir gehen nach rechts und folgen weiter der 5, nun wieder etwas abwärts. Am Rande der Fichtenschonung halten wir uns links. Bald stößt von links der **Europäische Fernwanderweg E 3** auf unseren Weg, so dass wir für den Rest der Tour wieder dem blauen Andreaskreuz folgen können (hier nach rechts).

Durch die Wälder geht es jetzt wieder hinab, bis wir unten das Naturschutzgebiet der **Glashütter Wiesen** erreichen (3.40 Std.). Diese parkähnliche Landschaft im oberen Gräfenbachtal entstand, als der Wald um 1700 für den Betrieb einer Glashütte abgeholzt wurde. Gleichzeitig wurde auf dem Gelände, einer damaligen aristokratischen Mode folgend, ein Tiergarten angelegt. Die Glashütte wurde bald wieder aufgegeben, aber auf der abgeholzten Fläche entwickelten sich artenreiche Goldhafer-Wiesen und Borstgrasrasen mit reichen Arnika-Beständen. An feuchteren Stellen entstanden Sumpfdotterblumen-Wiesen und Waldbinsen-Sümpfe. Nicht weit von hier ermordete der Schinderhannes am 12. August 1798 den Seibersbacher Viehhändler Simon Seligmann.

Noch im Naturschutzgebiet gabelt sich der Weg. Wir überqueren nach rechts den Gräfenbach und sehen hoch über uns den Fernsehturm auf der Ellerspring. Noch einmal steht uns ein langer gerader und steiler Anstieg, dazu noch auf befestigter Piste, bevor. Beim Blick zurück sehen wir den kegelförmigen Gipfel des Opel (650 m). Nach dem Erreichen des Kammweges halten wir uns rechts und kommen etwas unterhalb des **Ellerspring-Gipfels** (657 m) vorüber. Kurze Zeit, nachdem wir den Sender passiert haben, gelangen wir an eine Weggabelung, an der wir uns rechts halten, immer dem blauen Kreuz folgend. Noch etwa zehn Minuten brauchen wir, um den Wanderparkplatz und damit unser Auto zu erreichen (4.30 Std.).

Das Denkmal für den ›Jäger aus der Kurpfalz‹

Nunkirche

Einsam oberhalb von Sargenroth gelegene Kirche, erbaut um 1000. Im nördlichen Turm wurden Fresken aus dem 12. bis 14. Jh. entdeckt, die zu den ältesten des Hunsrücks gehören. Dargestellt sind unter anderem die Leiden der Hölle und das Gleichnis von den klugen und den törichten Jungfrauen. Umgeben ist die Nunkirche von Linden- und Kastanienbäumen, unter denen im Mittelalter das Hundertschaftsgericht tagte. Als die Pest wütete, wurde die Kirche Rochus, dem Pestheiligen, geweiht und Ziel zahlreicher Wallfahrten. Direkt nebenan befindet sich das ›Rochusfeld‹, auf dem seit Jahrhunderten Anfang September ein Vieh- und Krammarkt stattfindet. Neuerdings wird der Nunkircher Markt argwöhnisch vor Naturschützern beäugt: Das Rochusfeld gilt als eine der größten Orchideenwiesen weit und breit. (Der Schlüssel zur Kirche ist erhältlich unter ☎ o 67 61/45 97).

Denkmal des Jägers aus Kurpfalz

In der Nähe des Forsthauses Entenpfuhl befindet sich in einem Buchenhain am Rande der Straße ein Gedenkstein, den der ›Allerhöchste Jagdherr‹, nämlich Kaiser Wilhelm II. persönlich, am 13. August 1913 dem ›Churfürstlich-Churpfälzischen Erbförster-Forstinspektor des vorderen Soons, Friedrich Wilhelm Utsch, genannt der Jäger aus Churpfalz‹ gewidmet hat. Allerdings ist umstritten, ob der Kaiser den richtigen Jäger aus Kurpfalz geehrt hat.

Tour 30

Zum Koppensteiner Gretchen

Von Gemünden zur Ruine Koppenstein und über Schlierscheid zurück

Zwei ehemalige Burgen bestimmen diese Wanderung: das Schloss Gemünden und die Ruine Koppenstein. Unten in Gehlweiler treffen wir auf eine Herde Glanvieh. Diese Hunsrücker Rinderrasse wurde durch einen engagierten Landwirt vor dem Aussterben bewahrt.

DIE WANDERUNG IN KÜRZE

++
Anspruch

Charakter: Der steile Anstieg von Gemünden bis zum Koppenstein verlangt etwas Ausdauer.

5 Std.
Gehzeit

Wanderkarten:
WK 1:25 000 Kirchberg,
TK 1:50 000 Der Soonwald

18 km
Länge

Einkehrmöglichkeiten:
›Zur alten Schmiede‹ in Gehlweiler sowie zahlreiche Gaststätten in Gemünden

Anfahrt: Mit dem Auto die Bundesstraße 50 an der Abfahrt Kirchberg verlassen. Über die Bundesstraße 421 durch Kirchberg und Dickenschied nach Gemünden fahren. Links in den alten Ortskern hineinfahen und in der Nähe der Simmerbach-Brücke parken.

Gemünden gilt als ›Perle des Hunsrücks‹. Über den schmucken Fachwerkhäusern thront das Barockschloss, eingefasst von vier massigen Rundtürmen. Der Ort liegt in einer Schleife des Simmerbaches, der unterhalb des Schlosses malerisch über ein Wehr stürzt. Die Grundmauern der von den Sponheimer Grafen errichteten Burg stammen aus dem 12. Jh. 1514 ging die Burg in den Besitz der Schmidtburger Ritter über, wurde 1689 zerstört und 1720 als Schloss wieder aufgebaut. 1815 heiratete der österreichische Reiteroffizier Johann Anton von Salis seine Maria Theresia, die letzte Tochter der Schmidtburger. Noch heute bewohnt Freiherr von Salis das Schloss und muss wahrlich

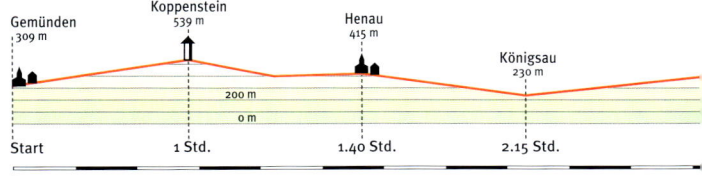

Ruine Koppenstein, davor der ›Wackelstein‹

fürstliche Summen für den Unterhalt aufbringen.

In **Gemünden** gehen wir über die Simmerbach-Brücke und dann rechts die Kreuznacher Straße hinauf. Nach etwa 50 m stoßen wir auf den Wegweiser ›Soonwaldschule‹ und – nach einigem Suchen – auch auf das blaue Andreaskreuz des **Europäischen Fernwanderwegs E 3** – Atlantik–Ardennen–Böhmerwald (hier ›Saar-Schlesien-Weg‹ ge-

nannt). Wir gehen die Peter-Meyer-Straße hinauf und gelangen zum Beginn des **Waldlehrpfades** (Informationstafel), der einen Einblick in die Vielfalt der Waldgesellschaften des Soonwaldes gibt.

Ein gutes Stück folgen wir dem Waldlehrpfad bergauf an einem kleinen Bach entlang. Etwas weiter oben kommen wir am Sportplatz vorbei. Nach weiteren zehn Minuten biegt der Waldlehrpfad nach links

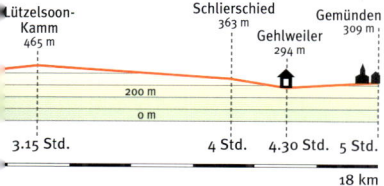

Lützelsoon-Kamm 465 m · Schlierschied 363 m · Gehlweiler 294 m · Gemünden 309 m

200 m

0 m

3.15 Std. · 4 Std. · 4.30 Std. · 5 Std.

18 km

ab, wir dagegen halten uns weiter an das blaue Andreaskreuz, immer steil den Hang hinauf. Nachdem wir eine mit Ginster bewachsene Kahlfläche passiert haben, mündet unser Pfad in einen breiteren Forstweg ein, der parallel zum Hang verläuft. Wir biegen nach links ab und erreichen nach etwa 30 m die Haarnadelkurve der Straße von Gemünden nach Bad Kreuznach. In der Kurve geht rechts ein Weg hinauf in den Wald, dem wir nun folgen.

Nachdem wir uns fünfzig weitere Höhenmeter hinaufgearbeitet haben, gelangen wir an ein schmales Sträßchen, das nach Gehlweiler führt. Wir gehen am Straßenrand einige Schritte nach links. Nach etwa 100 m führt rechts ein Weg am Fichtenwaldrand noch weiter hinauf, dem wir nun folgen. (Wir verlassen hier das Zeichen des blauen Andreaskreuzes.) Immer weiter bergauf wandernd stehen wir bald auf dem Gipfelkamm der **Koppensteiner Höhe** (553 m – 1 Std.).

Am besten klettern wir erst einmal auf den **Aussichtsturm**, um uns einen Überblick zu verschaffen. Uns zu Füßen liegt im Tal des Simmerbachs Gemünden. Zahlreiche Dörfer sind über die Hochfläche verstreut. In der Ferne sind die charakteristischen Türme des Städtchens Kirchberg zu erkennen.

Wir sehen auch, dass das Gipfelplateau ganz von Ruinen übersät ist. Heute kann man sich kaum noch vorstellen, dass hier einst eine Siedlung bestand, die 1331 sogar die Stadtrechte erhielt. Kristallisationspunkt war die sponheimische Burg Koppenstein, die 1155 errichtet wurde. Der Aussichtsturm ist nichts anderes als der Bergfried dieser einst mächtigen Burganlage. Ab 1600 verfiel die Burg, der ständige Wassermangel

führte dazu, dass die Siedlung nach und nach verlassen wurde.

Als letzte Bewohnerin der Burg gilt Maria Margarete Rosenstein, genannt das Koppensteiner Gretchen. Sie hatte sich ihr Quartier mit Moos und Laub in einer Höhlung am Fuße des Turms eingerichtet, bis ihr die Freifrau von Schmidtburg aus dem Gemündener Schloss ein kleines Häuschen bauen ließ. Im Alter von 72 Jahren starb das Koppensteiner Gretchen 1821 auf der Burg. Und hier ringsum lag das ›Revier‹ der Einsiedlerin. Besonders augenfällig ist der würfelförmige ›Wackelstein‹, der so auf einem Felsgrat liegt, als wolle er jeden Moment hinunterstürzen.

Auf dem Gipfelgrat entlang suchen wir uns jetzt den Weiterweg durch Felsbrocken und Ruinen. Dabei umrunden wir einen riesigen Steinbruch mit einer Mischanlage. Hier wird Quarzit für die Bauindustrie gewonnen.

Wenn wir die Umrundung zur Hälfte geschafft haben, führt steil ein Weg hinunter ins Simmerbachtal, dem wir nun folgen. Nach etwa 100 m über dem Talgrund stoßen wir auf einen Weg, der fast parallel zum Hang verläuft. Hier biegen wir nach links ab und folgen dem befestigten Weg hinauf bis zur Höhensiedlung **Henau** (1.40 Std.).

In Henau gehen wir die Hauptstraße hinunter und biegen unten nach rechts in die Schulstraße ein. Dort finden wir die Markierung XIV, der wir uns für den nächsten Abschnitt anvertrauen. Geradeaus geht es durch die Wiesen hinunter ins Tal des Simmerbachs. Unten erreichen wir die Bundesstraße 421, an deren Rand wir einige Schritte bis nach **Königsau** gehen (2.15 Std.). Sofort am Ortseingang biegen wir links in die Lützelsoonstraße ein

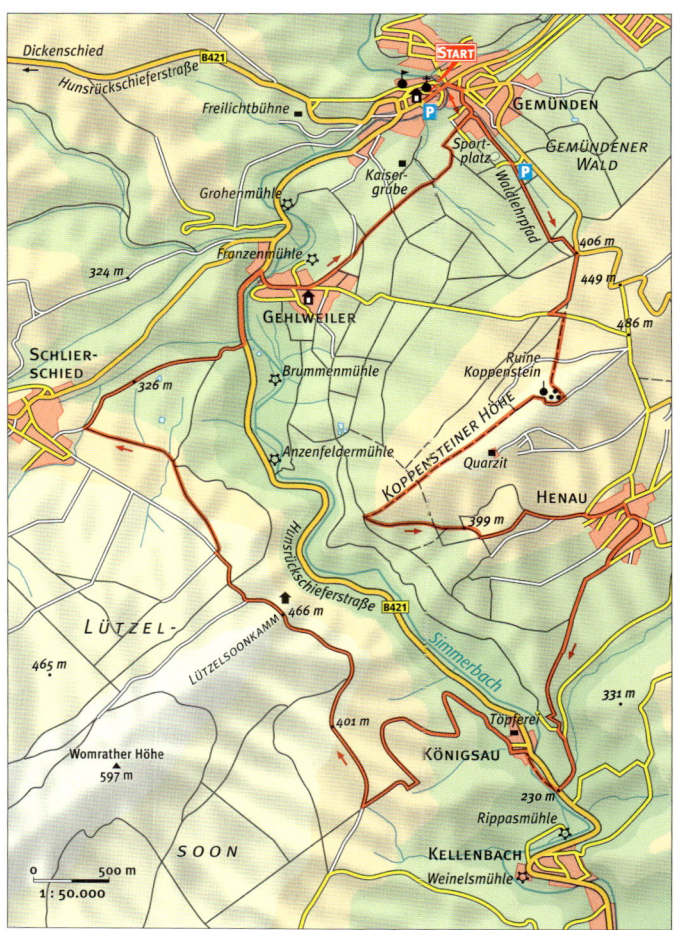

und folgen steil hinauf der Markierung XIV und dem Wegweiser nach Schlierscheid. Beim Blick hinüber nach Henau auf der Höhe können wir einen großen Teil des zurückgelegten Weges überblicken. An einer Wegespinne im Wald des Lützelsoon halten wir uns rechts in Richtung Schlierscheid. An den Ausläufern des **Lützelsoon-Kamms** (3.15 Std.) treffen wir wieder auf das blaue Andreaskreuz, das uns für den Rest des Weges begleiten wird.

Kurz vor Schlierscheid (4 Std.) halten wir uns rechts, ohne in den Ort hineinzugehen, der durch den Fuhrpark eines Bauunternehmens und einen Gebrauchtwagenhandel mitten im Ort viel von seinem Charakter verloren hat. Der Weg führt steil hinunter ins Simmerbachtal, wo wir wieder die Bundesstraße errei-

137

chen. Wir folgen der Straße ein kurzes Stück nach links und gehen über die malerische Brücke hinein nach **Gehlweiler** (4.30 Std.).

Bemerkenswert ist das liebevoll restaurierte Dorfbackhaus in Fachwerkbauweise aus dem Jahre 1739, das bis heute regelmäßig zum Brotbacken genutzt wird. Auf den Wiesen am Rande des Dorfes sind uns vielleicht hellbraune Rinder mit Hörnern aufgefallen. Es handelt sich nicht etwa um eine modische Rasse aus Frankreich, sondern um **Glanvieh,** die alte einheimische Hunsrücker Rinderrasse. Die Kühe wurden vor den Karren oder Pflug gespannt, mussten Milch liefern und dann auch noch Fleisch. In den 1960er Jahren wäre diese Rasse fast ausgestorben. Mit rund fünfzig Tieren grast in Gehlweiler die größte überhaupt bestehende Glanviehherde – den Bullen Brutus eingeschlossen. Genau gegenüber dem Dorfbackhaus liegt der Hof von Hermann Brück (Hauptstraße 29), der sich ganz der Glanviehzucht verschrieben hat.

Zum Weiterweg gehen wir in Gehlweiler die Hauptstraße hinauf. Am Kinderspielplatz biegt links der Gemündener Weg ein. Wir folgen dem blauen Andreaskreuz durch die Wiesen oberhalb des Simmerbachs, bis wir die Peter-Meyer-Straße in **Gemünden** erreichen. Jetzt brauchen wir nur noch in das Ortszentrum hinunterzugehen und sind wieder am Ausgangspunkt angelangt (5 Std.).

Das alte Dorfbackhaus in Gehlweiler

Teufelsfels und Katzenstein

Von Schneppenbach zum Teufelsfels und zum Katzenstein

Diese Wanderung führt zum sagenumwobenen Teufelsfels, der zum Quarzitkamm des Lützelsoons gehört. Über diesen Kamm gelangen wir hinunter in die wellige Landschaft der Hunsrückhochfläche, die dem Film ›Heimat‹ von Edgar Reitz die Kulisse gegeben hat.

	DIE WANDERUNG IN KÜRZE	
++ Anspruch	**Charakter:** Mittelschwere Wanderung mit steilem An- und Abstieg	**Anfahrt: Mit dem Auto** über die Bundesstraße 50 bis zur Abfahrt Kirchberg und geradeaus über die B 421 durch Kirchberg und Dickenschied fahren. Hinter Dickenschied die B 421 verlassen und über Rohrbach nach Schneppenbach fahren. Im Dorf parken.
3.30 Std. Gehzeit	**Wanderkarten:** WK 1:25 000 Obere Nahe, Bereich Kirn, TK 1:50 000 Der Soonwald	
12 km Länge	**Einkehrmöglichkeiten:** Nur Gasthaus ›Zur Schmidtburg‹ in Schneppenbach (mittwochs Ruhetag)	

Ein Rücken aus hartem Taunusquarzit bildet den nördlichen Kamm des Lützelsoons, des ›Kleinen Soons‹, der dem ›Großen Soon‹, dem Soonwald, im Westen vorgelagert ist. Über diesen Kamm führt ein Weg, von dem aus weite Blicke in alle Himmelsrichtungen möglich sind. Doch um auf diesen Kamm zu gelangen, müssen wir erst einen strammen Anstieg hinter uns bringen.

Unsere Wanderung beginnt am südlichen Ortsende von **Schneppenbach** (Richtung Bruschied). Links geht der Birkenweg hinauf. Wir finden den Wegweiser zum Teufelsfels und auch die Wegmarkierung H des Hunsrückvereins und das blaue Andreaskreuz des **Europäischen Fernwanderwegs E 3** Atlantik–Ardennen–Böhmerwald. Diesen Zeichen folgen wir. Der immer steiler werdende Weg

bringt uns hinauf auf den Quarzitkamm, der bei Bruschied über dem Hahnenbachtal beginnt und sich in nordöstlicher Richtung bis zum Kellenbachtal erstreckt. Oben auf dem Kamm erreichen wir eine Schutzhütte. Wir halten uns links auf dem Kamm und stehen mit wenigen Schritten vor dem **Teufelsfels,** einem riesigen Quarzbrocken. Das Gipfelplateau (568 m) wird von einem Aussichtsturm gekrönt (40 Min.).

Weit reicht der Rundblick bis zur Eifel, zum Donnersberg und Odenwald. 44 Dörfer sind zu sehen (bitte nachzählen!). Die Bauernlandschaft im Norden war Anfang der Achtziger Schauplatz der Dreharbeiten zum Film ›Heimat‹. Der aus Morbach stammende Edgar Reitz fand in den Dörfern ringsum für seine sechzehnstündige Chronik die geeignete Ku-

*Rast unterhalb
des Teufelsfelsen*

lisse. Das fiktive ›Schabbach‹ des Films heißt in Wirklichkeit Woppenroth. Viele Szenen wurden aber auch in Rohrbach, Rhaunen, Gehlweiler, Schlierschied und Dickenschied aufgenommen.

So schön sich vom Teufelsfels die ›Heimat‹-Landschaft überblicken lässt, ein wenig Vorsicht scheint hier oben durchaus angebracht. Der Name ›Teufels‹-Fels kommt nämlich nicht von ungefähr. Einige Male muss der Teufel hier leibhaftig erschienen sein, wie verschiedene Legenden zu berichten wissen. Vor rund zweitausend Jahren soll der Satan hier den Heiland getroffen haben. Alle Reiche dieser Welt versprach der Teufel dem Sohn Gottes, wenn er nur auf die Knie falle und fortan dem Satan diene. Doch der Heiland lehnte dankend ab. Vor lauter Wut knallte der Teufel den riesigen Felsbrocken dorthin, wo er noch heute liegt.

Oder wie wär's mit der Geschichte jener Frau aus Bundenbach, die mit einem Korb voller alter Schuhe den Kamm überschritt? Auf der Höhe begegnete ihr der Teufel, der einen riesigen Stein auf dem Buckel trug, mit dem er nach Bundenbach wollte, um die dortige Kirche zu zerstören. Aus Bundenbach war nämlich lange niemand mehr in die Hölle gekommen. Also fragte der Teufel die Frau: »Wie weit ist es noch bis Bundenbach?« Die zeigte nur auf ihre vielen Schuhe: »Es ist noch weit. All die Schuhe habe ich schon durchgelaufen.« Da ließ der Teufel wutentbrannt den Stein liegen und machte sich aus dem Staub. Die Frau war jedoch die Schustersgattin aus Bundenbach, die in der Umgebung die Schuhe zum Flicken eingesammelt hatte.

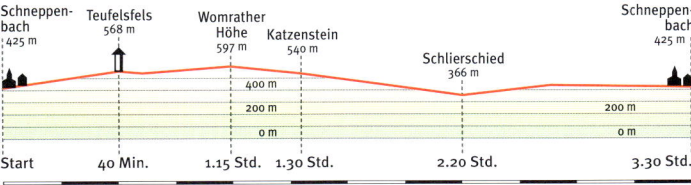

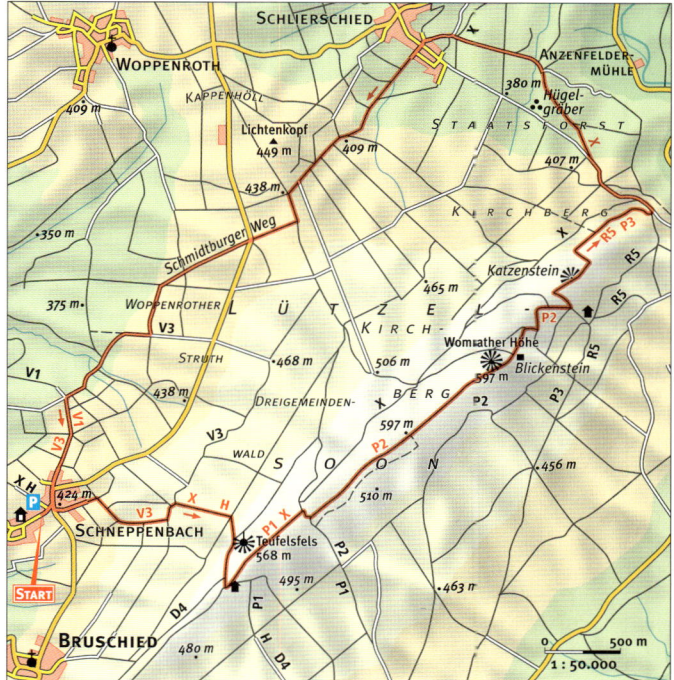

Der wahre Kern an diesen Geschichten ist wohl, dass der Teufelsfels vor Jahrhunderten kultische Bedeutung besessen haben muss, wie auch die anderen markanten Steine, die wir auf unserer Wanderung noch erreichen. Auf dem weiteren Weg müssen wir immer oben auf dem Kamm bleiben. Zunächst folgen wir noch dem Andreaskreuz. An einer Weggabelung weist das Andreaskreuz nach links (dieser Weg führt anschließend etwas unterhalb des Kammes ebenfalls nach Nordost). Wir folgen aber dem nach rechts abbiegenden Weg, der bald auf einen von unten kommenden Wanderweg trifft, der mit P 2 markiert ist. Dieser Markierung folgen wir nun, immer auf dem Kamm bleibend. Noch ein

kleiner Anstieg steht uns bevor, dann erreichen wir die **Womrather Höhe,** mit 597 m der höchste Punkt des Lützelsoons (1.15 Std.). Etwas abseits des Gipfelpunktes finden wir einen weiteren Quarzitbrocken, den **Blickenstein.**

Weiter geht es, der Markierung P 2 folgend, bis wir auf eine Wegeinmündung treffen. P 2 geht jetzt nach rechts hinunter, wir halten uns jedoch links, der Markierung P 3 folgend, und bleiben auf der Höhe, bis wir nach einigen Minuten auf dem **Katzenstein** stehen, einem weiteren markanten Felsbrocken auf dem Lützelsoonkamm (1.30 Std.).

Wir folgen weiter der Markierung P 3, immer dem nun steil abfallenden Kamm folgend, bis wir auf einen brei-

141

ten Forstweg treffen. Hier biegen wir nach links in Richtung Schlierschied ab, während P 3 nach rechts abgeht. Nach wenigen Metern treffen wir wieder auf das bereits vertraute blaue Andreaskreuz. Mit diesem Zeichen verlassen wir bald den Forstweg nach rechts in einen schmaleren Waldweg. Vorbei an einigen Hügelgräbern geht es immer weiter hinunter.

Aus dem Wald heraustretend erblicken wir schon die Fachwerkhäuser von Schlierschied. Jetzt verlassen wir die Markierung des blauen Andreaskreuzes und biegen nach links ab, in den Ort hinein. Wir folgen dem Wegweiser nach Schneppenbach und der Markierung XII. Nach wenigen Metern ist das Dorf **Schlierschied** erreicht (2.20 Std.). Erstmals wurde dieses Dorf in einer Urkunde des Ravengiersburger Klosters aus dem Jahre 1335 erwähnt.

Im Dorf gehen wir geradeaus über die Straße und folgen dem Wegweiser zur Schmidtburg. Am Feuerwehrhaus vorbei erreichen wir den Waldrand und wandern weiter auf dem ›**Schmidtburger Weg‹**, einem uralten Pfad, den schon vor Jahrhunderten die Reisenden auf dem Weg von der Nahe zur Mosel nutzten. (Benannt ist der Weg nach der mächtigen Schmidtburg, die wir auf Wanderung 32 kennen lernen.)

Wir überschreiten die Straße von Dickenschied nach Schneppenbach und stoßen weiter unten im Wald auf einen Forstweg mit der Markierung V 3, dem wir nach rechts folgen. Über einen Bach hinweg erreichen wir freies Feld und sehen oben auf der Anhöhe schon Schneppenbach mit seiner Kirche aus dem Jahre 1768 liegen. Bald ist **Schneppenbach** erreicht, wir biegen nach rechts in die Hauptstraße ein und gelangen wieder zu unserem Ausgangspunkt (3.30 Std.).

Blick auf Schlierscheid am Fuße des Teufelsfels

400 Millionen Jahre Geschichte

Von Rudolfshaus zur Schmidtburg, zur keltischen Altburg und zur Besuchergrube Herrenberg

Diese Wanderung berührt erdgeschichtliche, vorgeschichtliche und mittelalterliche Zeithorizonte: Ritter, Kelten und Fossilien. Das einsame Hahnenbachtal vermittelt demjenigen, der aus der Hektik des Alltags kommt, das Gefühl, in eine ganz andere Welt einzudringen.

DIE WANDERUNG IN KÜRZE

+ Anspruch	**Charakter:** Leicht, wenn auch mit einigen steilen Anstiegen	**Anfahrt: Mit dem Auto** vom Nahetal (B 41) in Kirn nach Kallenfels/Hahnenbach abbiegen und bis nach Rudolfshaus zum Wanderparkplatz fahren. Von der Hunsrückhochfläche die B 50 bei Bücherbeuren/Flugplatz Hahn verlassen und über Rhaunen und Bundenbach nach Rudolfshaus zum Wanderparkplatz fahren.
2.30 Std. Gehzeit	**Wanderkarten:** WK 1:25 000 Wandergebiet Idarwald, TK 1:50 000 Der Soonwald	
9 km Länge	**Einkehrmöglichkeiten:** Forellenhof Reinhardsmühle (montags Ruhetag), Bergmannsschänke an der Besuchergrube (April bis Oktober geöffnet) und Gaststätten in Bundenbach	

Mit wenigen Schritten durch 400 Millionen Jahre Geschichte – das ist nicht zuviel versprochen. Wir sehen Fossilien aus dem Erdzeitalter des Unterdevon, eine 2300 Jahre alte keltische Höhensiedlung und eine mittelalterliche Bilderbuch-Burg, in der Kinder stundenlang ›Ritter‹ spielen können.

Vom Wanderparkplatz in **Rudolfshaus** gehen wir nach rechts über die Brücke des Hahnenbachs. Nach 200 m biegt nach rechts ein Weg ein, der uns vorbei an Fischteichen zum **Forellenhof Reinhardsmühle** (20 Min.) mit seiner viel gelobten Küche führt – die Einkehr sollten wir uns jedoch für den Rückweg vorbehalten.

Wir gehen über den weitläufigen Hof zwischen den Garagen hindurch ins Tal des Hahnenbachs. Am alten Mühlengraben vorbei halten wir auf die Holzbrücke zu. Drüben auf der anderen Seite wenden wir uns nach links, immer am Bach entlang. Schon nach wenigen Schritten umfängt uns die Einsamkeit des völlig abgelegenen Tals. Der Hahnenbach hat achtzig Meter tiefe, weit ausholende Mäander in den Hunsrückschiefer hineingeschnitten. Das Tal ist hier so eng, dass nicht einmal eine Fahrspur hineinpasst.

Am gegenüberliegenden Hang sehen wir kühne Felsvorsprünge, das Tal wird enger, und bald erkennen

143

Die älteste und mächtigste Burg des Hunsrück: die Schmidtburg

wir über uns Ruinen einer mächtigen Burganlage. Einige wenige Schritte führen uns hinauf und wir stehen am großen Burgbrunnen, über dem sich Mauern, Treppen und Türme erheben: die **Schmidtburg** (45 Min.). Wir können uns ruhig ein wenig Zeit für einen Rundgang durch die älteste und zugleich mächtigste Burg des Hunsrücks nehmen.

Ihre Geschichte geht bis auf das Jahr 926 zurück. Die Burg war Stammsitz der Grafen des Nahegaus und bis zum 14. Jh. im Besitz der Wildgrafen. 1324 wurde sie vom Trie- rer Erzbischof und Kurfürst Balduin erworben und zur militärischen Fes- tung ausgebaut. Während des Pfäl- zischen Erbfolgekrieges im Jahre 1688 sprengten französische Soldaten die Burg. Bis in die 1970er Jahre schlummerten die Ruinen unter undurchdringlichem Strauchwerk. Heute ist das monumentale Bauwerk freigelegt und neugierigen Besuchern zugänglich.

Gegenüber auf der anderen Seite des Tals erkennen wir auf der Höhe bereits unser nächstes Ziel, die Altburg. Am Hang sehen wir die graue Prasshalde der Schiefergrube Herrenberg. Wir verlassen die Schmidtburg über eine Brücke, deren elegant geschwungenen Steinbögen den Burggraben überspannen. Drüben orientieren wir uns am Wegweiser zur Grube Herrenberg und gehen hinunter zum Hahnenbach. Ein paar Schritte bachabwärts führen zwei Brücken, eine alte aus Holz und eine neue aus Stahl, hinüber auf die andere Seite.

Dort gehen wir in mehreren S-Kurven wieder steil den Hang hinauf bis zur Bergwerkshalde. An einem Häuschen, das schon zum Bergwerk gehört (bei Bedarf Eintrittskarten für die Altburg besorgen), folgen wir zunächst dem Wegweiser zur Altburg. Oben stehen zwei hölzerne Kelten Spalier, die uns begrüßen, bevor wir in ihr Reich eindringen dürfen. Bald sehen wir auf dem Plateau einen hölzernen Palisadenzaun, hinter dem sich die strohgedeckten Hütten der keltischen Siedlung **Altburg** ducken (1.15 Std.).

Die Altburg wurde vom 3. bis 1. Jh. v. Chr. als keltische Siedlung (›castellum‹ im Gegensatz zum größeren, stadtähnlichen ›oppidum‹) genutzt. Anhand von rund 3600 Pfostenlöchern im Schieferfels konnten Hütten und Zäune genau dokumentiert werden. Mit Hilfe des Rheinischen Landesmuseums Trier wurden einige der Hütten rekonstruiert. Dabei wurden die originalen Pfostenlöcher verwendet. Die Siedlung auf dem Felssporn wurde durch eine Mauer aus Stützbalken und Trockenmauerwerk geschützt. Die letzte Bautätigkeit wurde für 78 v. Chr. nachgewiesen, zwanzig Jahre vor dem gallischen Eroberungskrieg Caesars. (Die Altburg ist von April bis Oktober zur Besichtigung geöffnet.)

Wir gehen wieder an den hölzernen Kelten vorbei den Weg zurück bis zum Eingang der **Schiefergrube Herrenberg**. Seit dem Mittelalter wurde unter Tage Schiefer gewonnen. Mitte der siebziger Jahre wurde die Grube zum Schaubergwerk ausgebaut. Terrassenförmig liegen die Abbaustufen übereinander. Goldglänzende Pyrite und Tropfsteine lassen die Vielfalt der Geologie ahnen.

Bekannt ist der Bundenbacher Schiefer nicht nur bei den Dachdeckern, sondern auch bei den Paläontologen. In den 400 Mio. Jahre alten Tonablagerungen des Un-

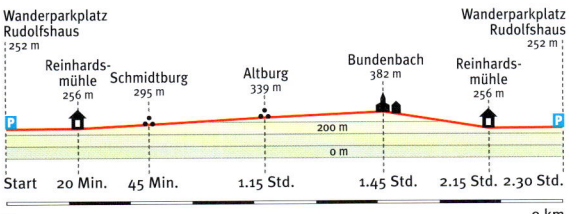

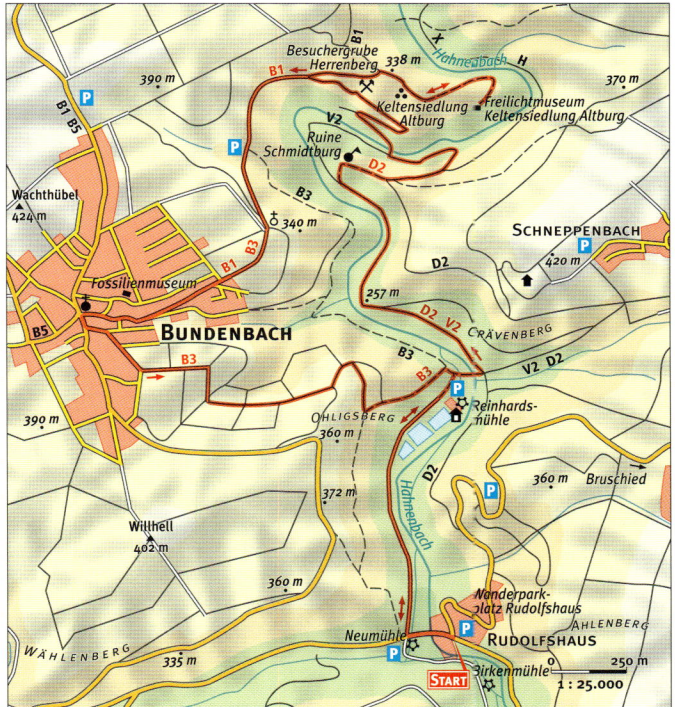

terdevon-Meeres haben sich die Formen des urtümlichen Lebens, Seelilien, Schwämme, Würmer, Korallen, Muscheln, Schnecken und rätselhaften Sterntiere, in einer einzigartigen Qualität erhalten. Das **Fossilienmuseum** neben dem Bergwerkseingang zeigt einige der schönsten Funde. (Besuchergruben und Fossilienmuseum sind von April bis Oktober geöffnet.)

Zum Weiterweg gehen wir am Kiosk vorbei in Richtung Bundenbach. Steil hinunter streift der Blick ins Hahnenbachtal, die Schmidtburg liegt uns in ganzer Breite zu Füßen. Wir folgen dem Weg B 3 in Richtung **Bundenbach** (1.45 Std.) und erreichen bald das Layenbre-

cherdorf. Viele Dächer und Fassaden künden von der Kunstfertigkeit der Schieferdachdecker. Unterhalb der Kirche gelangen wir auf die Hauptstraße, halten uns links, und nach wenigen Metern führt uns die Markierung B 3 wieder nach links auf eine schmale Gasse. Der Weg B 3 führt uns wieder hinaus aus Bundenbach.

Wir folgen den Hinweisen zur **Reinhartsmühle,** die wir auch bald unten im Tal sehen und auf den letzten Metern steil bergab erreichen (2.15 Std.). Nach der Einkehr bleiben noch einige Schritte auf dem uns bereits bekannten Weg zurück zum **Wanderparkplatz Rudolfshaus** (2.30 Std.).

33

Tour

Burgen in den Kirner Dolomiten

Von Oberhausen zur Burg Stein-Kallenfels und zum Schloss Wartenstein

Diese Tour ist leichter, als sie sich anhört. Wir brauchen die Kletterer in den Felswänden ja nur zu beobachten, nicht ihnen nachzueifern. Atemberaubend ist auch die auf steilen Felskegeln thronende Burg Kallenfells. Dagegen ist Schloss Wartenstein ein fast lieblicher Ort.

DIE WANDERUNG IN KÜRZE

+
Anspruch

Charakter: Leichte Waldwege und weite Strecken über freie Hochflächen. Für Kinder gut geeignet.

2.30 Std.
Gehzeit

Wanderkarten: WK 1:25 000 Wandergebiet Obere Nahe Bereich Kirn, TK 1:50 000 Der Soonwald

10 km
Länge

Einkehrmöglichkeiten: Gaststätten in Hennweiler und Oberhausen

Anfahrt: Mit dem Auto: Von der Bundesstraße 41

im Nahetal bei Kirn ins Hahnenbachtal fahren und noch in Kirn rechts nach Oberhausen abbiegen. Der Wanderparkplatz liegt am Ende der Kirner Straße direkt neben den Sportplätzen. **Mit der Bahn:** Kirn ist Bahnstation an der Strecke Mainz– Saarbrücken. Der Ausgangspunkt der Wanderung ist mit dem Taxi erreichbar (ca. 5 km).

Kühne Felsen prägen die Landschaft des Lützelsoons, des ›Kleinen Soons‹ zwischen Kellenbach- und Hahnenbachtal. Und den Höhepunkt dieses wald- und steinreichen Gebiets bilden die Kirner Dolomiten, die nicht nur so heißen, sondern mindestens genauso weiß und steil sind wie ihre Namensvettern, nur – zugegeben – etwas kleiner. Völlig überrascht werden wir an einer Felsklippe stehen, an der uns das Nahetal zu Füßen liegt.

Wir gehen in der Verlängerung der **Kirner Straße** geradeaus weiter am Sportlerheim vorbei. Hier stoßen wir auf den Weg des Hunsrückvereins mit der Markierung H, der von links

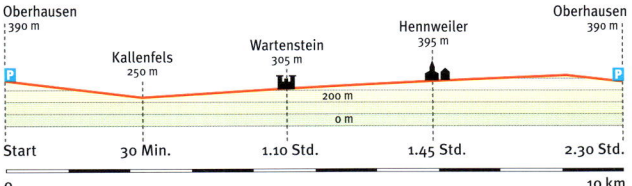

Oberhausen 390 m · Kallenfels 250 m · Wartenstein 305 m · Hennweiler 395 m · Oberhausen 390 m · 200 m · 0 m

Start · 30 Min. · 1.10 Std. · 1.45 Std. · 2.30 Std.

0 · 10 km

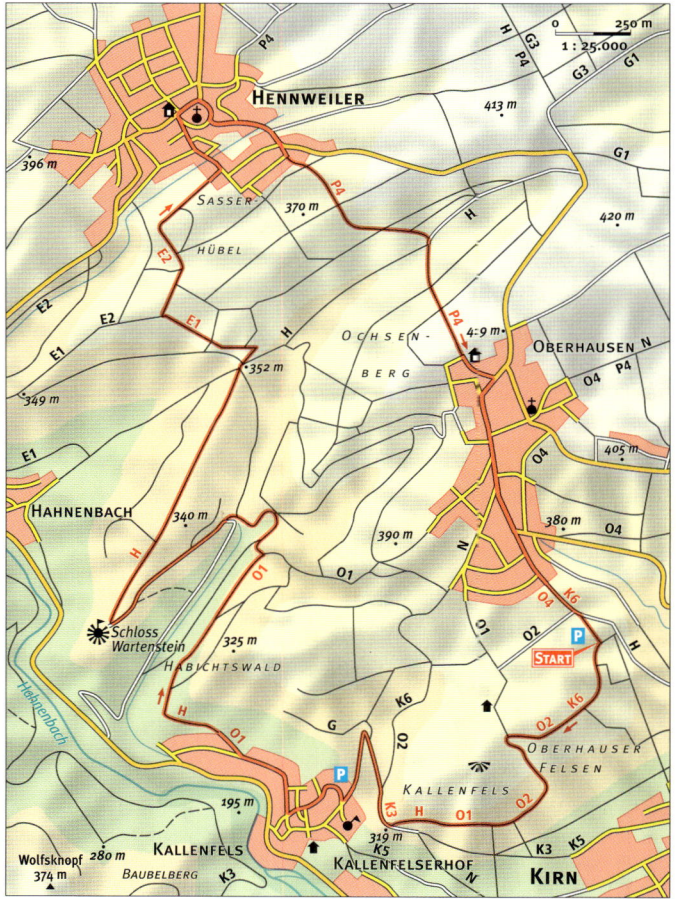

kommt. Wir folgen dem H nach rechts und gelangen in ein kleines Wäldchen. Wir halten uns immer geradeaus auf dem Pfad, auch wenn die Markierung jetzt stark zu wünschen übrig lässt. Nach etwa zwanzig Minuten wird es immer felsiger, plötzlich stehen wir vor einer Felswand, in der sich ein Durchschlupf öffnet. Fast senkrecht geht es hinunter nach Kirn, drüben erkennen wir die Kyrburg.

Wir folgen am Felsengrat weiter dem H und geraten in einen regelrechten Klettergarten, die **Kirner Dolomiten**. An sonnigen Tagen sind hier massenhaft Bergsteiger mit Seil und Helm unterwegs und versuchen, die Quarzit-Zinnen zu bezwingen. Unten im Tal erkennen wir bereits die spitzen Kegel, auf denen die Ruinen der Burg Kallenfels thronen. Wir orientieren uns weiter am H, bis wir steil bergab die Häuser des Kallenfelser

Tour 33

Blick auf die Ruinen von Stein-Kallenfels

Hofes erreichen, die unmittelbar an den oberen Teil der Burganlage anschließen.

Die **Burgruine Stein-Kallenfels** (30 Min.) ist der Rest einer Burganlage über dem Hahnenbachtal, die eigentlich drei Burgen umfasst hat: von oben nach unten Burg Stein, Burg Kallenfels und Burg Stock im Hane, die allesamt auf steilen Felsen errichtet wurden und für mittelalterliche Verhältnisse fast uneinnehmbar waren. Während der Reunionskriege (1682 bis 1684) wurden sie von französischen Truppen gesprengt.

Wir folgen der Straße hinunter nach Kallenfels, der Markierung H und dem Wegweiser zum Schloss Wartenstein folgend. Im Ort mündet unser Weg auf die Hauptstraße, an der wir uns rechts halten. Bald kommen wir durch eine Neubausiedlung mit Einfamilienhäusern. Jetzt heißt es aufzupassen: In spitzem Winkel geht zwischen den Häusern ein unscheinbarer Feldweg rechts hinauf, der nur mit einem kleinen H-Aufkleber an einem Schilderpfosten markiert ist. Diesem Weg folgen wir nun durch einen ›Lohknüppelwald‹.

(›Lohknüppel‹ wurden die wenige Jahre alten Stockaustriebe von Buchen und Eichen genannt. Sie wurden früher geschält, um Rinde für die Lohgerberei zu gewinnen.)

Wir erreichen eine Wegkreuzung, an der die ›Pidoll-Eiche‹ steht, erkennbar an einer Tafel. Benannt wurde diese Eiche nach dem Forstverwalter Karl von Pidoll, der 1984 verstarb. Hier folgen wir dem Wegweiser zum Schloss Wartenstein. Nach wenigen Schritten gelangen wir zur Burgauffahrt, auf der wir nun hinaufgehen. Nach einem kurzen Anstieg stehen wir vor den Gemäuern des Schlosses Wartenstein (1.10 Std.).

Das heutige **Schloss Wartenstein** ruht auf den Grundmauern einer um 1356 erbauten Feste des Ritters Tilmann vom Stein, die ›Wartelstein‹ genannt wurde. Dem Trierer Erzbischof war die Feste als Lehen übertragen, die 1583 in den Besitz der Freiherren von Warsberg kam. 1688 wurde die Burg von den Franzosen zerstört. Im Jahre 1704 begann Lothar Friedrich von Warsberg mit dem barocken Neubau des Schlosses, dessen lang gestreckter Bruchstein-

Blick auf die bergwärts gelegene Seite von Stein-Kallenfels

bau sich unmittelbar am Abgrund eines Felssporns über dem Hahnenbachtal erhebt. Bis heute ist das Schloss im Besitz der freiherrlichen Familie. Von der Terrasse kann man weite Ausblicke auf typische Hunsrücklandschaften genießen.

Das Felsplateau bietet für geologisch interessierte Wanderer noch eine Besonderheit. Der Bergsporn besteht aus einem fossilfreien Kristallingestein, der ›Gneis von Wartenstein‹ genannt wird. Dieser Gneis ist noch vor dem Erdzeitalter des Devon entstanden, also älter als 400 Mio. Jahre und damit auch älter als der Hunsrückschiefer. Das Gneisvorkommen erstreckt sich ungefähr über drei Kilometer und erreicht eine Mächtigkeit bis zu achtzig Metern. Allerdings gibt es keinen spektakulären Aufschluss, der den Gebirgsaufbau auf Anhieb erkennen ließe.

Wir gehen weiter auf dem oberen Weg, noch immer dem H folgend, in Richtung Hennweiler/Naturerlebnispfad. Links und rechts des Weges hat die Forstverwaltung sehr originelle Stationen aufgebaut, in denen man etwas über den Wald erfahren kann,

beispielsweise wie Hölzer klingen oder Naturstoffe riechen. Am Ende des Naturerlebnispfades halten wir uns weiter geradeaus und folgen dem H nach Hennweiler. Bald erreichen wir die freie Hochfläche und genießen einen weiten Blick über die Bergrücken des Lützelsoons. An einem Wege-T halten wir uns rechts und wandern auf den Ort Hennweiler zu, dessen charakteristischen Gebäude, die Kirche mit ihren burgartigen Zinnen und das mächtige Schulhaus, schon von weitem zu erkennen sind. In **Hennweiler** angekommen (1.45 Std.), gehen wir auf die Kirche zu und erreichen dort die Hauptstraße, in die wir nach rechts abbiegen, dann gehen wir geradeaus in die Oberhausener Straße, bis wir an der Hochstraße auf den Wegweiser ›Oberhausen‹ stoßen. Dem unbefestigten Weg folgen wir immer geradeaus über die Weiden, bis wir das Dorf Oberhausen erreichen.

In **Oberhausen** biegen wir nach links in die Soonwaldstraße ein, der wir an der Kirche vorbei folgen. Über die Kirner Straße erreichen wir wieder die Sportanlagen (2.30 Std.).

151

Wo der Schinderhannes feige war

Von Heinzenberg auf die Höhen des Lützelsoons zum Eignerhof

Über dem engen Kellenbachtal öffnen sich die Wiesen und Weiden des Lützelsoons. Verstreut liegende Bauernhöfe prägen das Bild der Hochfläche. So einsam ist es hier, dass sich sogar der Räuberhauptmann Schinderhannes im Eignerhof versteckte – und sich in einem entscheidenden Moment als Feigling erwies.

DIE WANDERUNG IN KÜRZE

+ Anspruch	**Charakter:** Leicht, wenn auch anfangs mit einem etwas steilen Anstieg	421 entweder von der Hunsrückhochfläche aus Richtung Kirchberg oder von der Nahe über Simmertal. Heinzenberg liegt direkt an der Bundesstraße. Hinter dem Gemeindehaus an der Hauptstraße ist ein Wanderparkplatz eingerichtet.
2.30 Std. Gehzeit	**Wanderkarten:** TK 1:50 000 Der Soonwald	
	Einkehrmöglichkeiten: Gaststätte nur in Heinzenberg	
9 km Länge	**Anfahrt:** Mit dem Auto über die Bundesstraße	

Ausgesprochen eng wird es im Kellenbachtal. Die Felswände rücken an einigen Stellen so dicht zusammen, dass kaum Platz für die Straße bleibt. Geologisch gesehen trennt der Kellen- oder Simmerbach den ›Großen Soon‹ vom Lützelsoon, dem ›Kleinen Soon‹. Unsere Wanderung wird uns aus dem Talgrund bei Heinzenberg, der nur einigen schmalen Wiesen und ein paar Häusern Platz bietet, hinaufführen auf die welligen Rücken des Lützelsoons.

Am Gemeindehaus von **Heinzenberg** folgen wir dem Wegweiser G 1 links hinauf in Richtung Oberhausen. Zunächst bestimmen noch Wiesen mit Apfelbäumen und einige Wochenhäuser das Bild, dann nimmt uns der dichte Wald auf. Der Weg steigt immer gleich bleibend an, bis wir noch einige Serpentinen überwinden müssen, um ganz auf

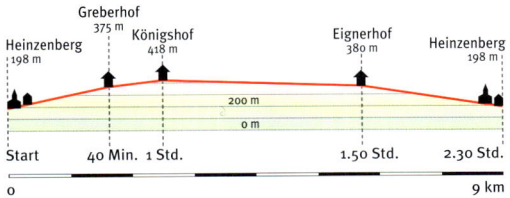

Heinzenberg 198 m · Greberhof 375 m · Königshof 418 m · Eignerhof 380 m · Heinzenberg 198 m

200 m · 0 m

Start · 40 Min. · 1 Std. · 1.50 Std. · 2.30 Std.

0 · 9 km

die Höhe zu gelangen. Oberhalb dieser Serpentinen finden sich einige Ruinenmauern im Wald, die oft für die Reste der ›Heinzenburg‹ gehalten werden. Diese Burg gilt als Stammsitz eines Adelsgeschlechts, dessen bekanntester Vertreter, der Minnesänger Wilhelm von Heinzenberg, das mittelalterliche Liebesliedgut bereichert hat. Sein Bild ist in der ›Manessischen Handschrift‹ zu finden. Mitte des 15. Jh. galt der ›Heinzenburg an der Simmer‹ jedoch schon als völlig zerfallen. Einige Heimatforscher glauben, dass die Mauern oberhalb unseres Weges jüngeren Datums sind. Eine wissenschaftliche Grabung hat jedenfalls bis heute nicht stattgefunden.

Auf unserem Serpentinenweg haben wir bald die Höhe erreicht. Vor uns liegen Wiesen und Felder, die sich in sanften Wellen bis zum Anstieg des Lützelsoonkamms im Norden erstrecken, leicht erkennbar am markanten Teufelsfels. Im Osten streift der Blick über die ganze Palette der Soonwaldgipfel, vom Koppenstein mit dem großen Steinbruch bis zur Ellerspring mit dem Fernsehturm. Einzelne Bau-

ernhöfe sind über die weite Hochfläche verstreut, erst in gehöriger Entfernung liegen Oberhausen und Hennweiler, die nächsten Dörfer. Der **Greberhof** ist der erste dieser einsamen Höfe, die wir auf unserer Wanderung erreichen (40 Min.). Der Besitzer, zugleich Bürgermeister des unten im Tal gelegenen Heinzenbergs, hat eine besondere Vorliebe: Rund um den Hof grasen schottische Highland-Rinder.

Etwa 100 m hinter dem Greberhof stoßen wir auf einen Weg, an dem wir uns mit der Markierung G 1 nach rechts halten. Vor uns sehen wir bereits einen weiteren, wesentlich größeren Hof, den **Königshof** (1 Std.). Sein Besitzer hat sich der Zucht des Schwarz-Bunten Rinds verschrieben. Hinter dem Königshof nimmt der Wirtschaftsweg eine Linkskurve, wir halten uns jedoch geradeaus auf einer Treckerspur durch die Wiesen in Richtung Hennweiler. Vor uns erkennen wir jetzt im Westen den Kamm des Idarwaldes mit dem Turm auf dem Idarkopf. Rechter Hand liegt unten in der Senke der Algendellerhof, den wir auf der Höhe bleibend umrunden werden.

Durch die Wiesen halten wir uns immer geradeaus, bis wir wieder auf einen befestigten Weg stoßen. Hier biegen wir rechts ein, uns immer noch am Wegweiser nach Hennweiler orientierend. Auf diesem Weg bleiben wir, bis wir nach rund 700 m eine Wegkreuzung mit einer roten Bank erreichen. Hier wenden wir uns nach rechts, dem Hinweis Eignerhof folgend. Nach einigen Schritten nimmt uns wieder der Wald auf – und plötzlich sehen wir in einer Biegung zwei schiefergedeckte Holzhäuser mit blauen Fensterrahmen, den **Eignerhof** (1.50 Std). Heute werden auf dem Hof nur ein paar Pferde gehalten, aber es gab hier auch viel bewegtere Stunden.

Der Eignerhof

Niemand anders als Johannes Bückler, der Schinderhannes, residierte hier im April 1800, zusammen mit seinem Kumpanen Carl Benzel. Beinahe wäre dem Räuberhauptmann ausgerechnet das Bibellesen

zum Verhängnis geworden. Die beiden Räuber seien so in das Heilige Buch vertieft gewesen, heißt es im Polizeibericht, dass sie nicht bemerkten, wie sich ein Gendarm dem Hof näherte. Erst im allerletzten Augenblick gelang Bückler die Flucht, während Benzel verhaftet und später hingerichtet wurde. Der Schinderhannes handelte sich hierbei den Vorwurf ein, ein Feigling zu sein, der sogar seinen besten Freund im Stich lässt. Denn wie sich herausstellte, war der Gendarm völlig ohne jede Verstärkung zu dem einsamen Hof gekommen. Während seines eigenen Prozesses versuchte Bückler, sich herauszureden: »Hätte ich gewusst, dass der Gendarm allein war, wahrlich, auch Benzel wäre durchgekommen.« Trotzdem, diese Episode auf dem Eignerhof hinterließ einen Schatten auf dem Ruf vom ›mutigen Räuberhauptmann‹.

Unser Weg führt vor dem Eignerhof vorbei über die Pferdekoppel zum Waldrand. Der Wegweiser zeigt nach Heinzenberg. Immer steiler hinunter, zuletzt über einige Serpentinen, erreichen wir die Wochenendhäuser von Heinzenberg. Schon fast unten im Tal angelangt, treffen wir auf einen Weg, auf dem wir uns links halten. Nach wenigen Schritten haben wir unseren Ausgangspunkt am Gemeindehaus von **Heinzenberg** wieder erreicht (2.30 Std.).

Stippvisite im Verbotenen Soon

Von Waldfriede über die Trifthütte zur Alteburg und über Schwarzerden und Weitersborn zurück

Der ›Verbotene Soon‹ war früher den adeligen Herren vorbehalten, die hier ihren Jagdgelüsten frönten. Heute bietet der einsame Wald manches Naturerlebnis. Vom Aussichtsturm auf der Alteburg lässt sich der Mittelgebirgscharakter des Hunsrücks erleben.

DIE WANDERUNG IN KÜRZE

+
Anspruch

Charakter: Leichte Wanderung, nur ein kurzer steiler Anstieg an der Alteburg

3 Std.
Gehzeit

Wanderkarten: WK 1:25 000 Sobernheim und Umgebung, TK 1:50 000 Der Soonwald

11 km
Länge

Einkehrmöglichkeiten: In der legendären Trifthütte (freitags Ruhetag) sowie in den Gaststätten von Weitersborn und Seesbach (beide montags Ruhetag)

Anfahrt: Mit dem Auto über die B 41 ins Nahetal. Die Bundesstraße in Simmertal verlassen und nach Seesbach fahren. Zwischen Seesbach und Waldfriede finden sich die Wegweiser zum Wanderparkplatz Struth, der neben dem Sportplatz liegt.

Heute reizt uns der ›Verbotene Soon‹. Früher durften die Bauern diesen Teil des Soonwaldes nicht betreten. Sie mussten mit ihrem Vieh draußen bleiben, um die Jagdgründe der Pfalzgrafen und der sagenhaften ›Jäger aus Kurpfalz‹ nicht zu stören. Lediglich über einen schmalen Pfad durch den Wald, die ›Trift‹, konnten die Bauern ihre Waldweiden im oberen Soon erreichen.

Diesen Weg durch den ›Verbotenen Soon‹ gibt es noch heute. Und wie damals führt er zur Trifthütte, wo sich Köhler, Holzfäller, Bauern und Forstleute trafen. Im Dezember 1800 hat hier sogar der Räuberhauptmann Schinderhannes Kriegsrat gehalten. Ihm schien der ›Verbotene Soon‹ ein gutes Versteck zu sein.

Am **Wanderparkplatz Struth** wenden wir uns nach rechts und folgen zwischen Waldrand und Sportplatz dem Wegweiser ›Rundweg H 3‹. Am Ende der Wiese treffen wir auf ein Wochenendhaus, an dem wir uns links halten. Am früheren Forsthaus Seesbach/Waldfriede vorbei gelangen wir an die ›Trift‹, die den Verbotenen Soon durchquert. Fast eineinhalb Kilometer geht es nun geradeaus durch den Forst, bis die **Trifthütte** erreicht ist (40 Min.). Die Gaststätte bietet gute Hunsrücker Küche, draußen im Hof dreht sich der Spießbraten über dem Buchenholzfeuer, und ein kleines Lädchen bietet Souvenirs feil.

Zum Weiterweg halten wir uns wieder an die ›Trift‹, jetzt ein breiter

Tour 35

Der Aussichtsturm auf der Alteburg

Weg, der als Zufahrt zur Trifthütte dient. Wir erreichen die Landstraße von Entenpfuhl nach Gemünden, die wir überqueren. Am **Forsthaus Alteburg** vorbei halten wir uns weiter geradeaus. Am Ende der Waldwiese weist ein Wegweiser an einer Birke nach links zum Aussichtsturm Alteburg. Diesem Hinweis folgen wir über einen Pfad, der bei feuchter Witterung streckenweise recht matschig wird. Geradeaus geht es jetzt durch lichten Buchenwald immer höher hinauf auf den Soonwaldkamm. An einem breiten Forstweg, ›Rennweg‹ genannt, stoßen wir auf das blaue Andreaskreuz des Eu-

ropäischen Fernwanderwegs E 3. Wir überqueren den Forstweg und gehen geradeaus mit dem blauen Kreuz auf dem Waldweg weiter, der jetzt immer steiler wird, bis wir auf dem Gipfel der **Alteburg** (620 m) stehen (1.10 Std.).

Über den Resten eines Ringwalls erhebt sich ein Aussichtsturm aus Bruchsteinen, dessen Besteigung äußerst lohnenswert ist, bietet er doch einen weiten Rundblick bis zur Eifel im Norden und zum Donnersberg im Südosten.

Wir folgen weiter geradeaus dem blauen Kreuz und steigen über die Reste des Ringwalls wieder hinab. Nach einer in der Wiederaufforstung befindlichen Windbruchfläche müssen wir aufpassen. Der Fernwanderweg biegt nach rechts ab, an einem Gatter entlang. Noch immer halten wir uns an das blaue Kreuz, bis wir wieder die Landstraße nach Gemünden erreichen. Wir biegen nach rechts ein und gehen etwa hundert Meter am Straßenrand entlang, bis links zwei Waldwege, einer im rechten Winkel, der andere spitzwinkelig, abbiegen. Hier verabschieden wir uns vom Fernwanderweg und wählen den rechtwinkligen Abzweig. Leicht bergauf geht es jetzt an der **Schwarzerdener Höhe** vorbei durch dichten Wald.

Nach der Höhe senkt sich der Weg hinunter zum Dörfchen **Schwarzerden**. An einer Telefonzelle errei-

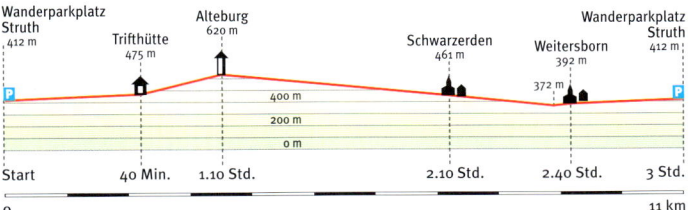

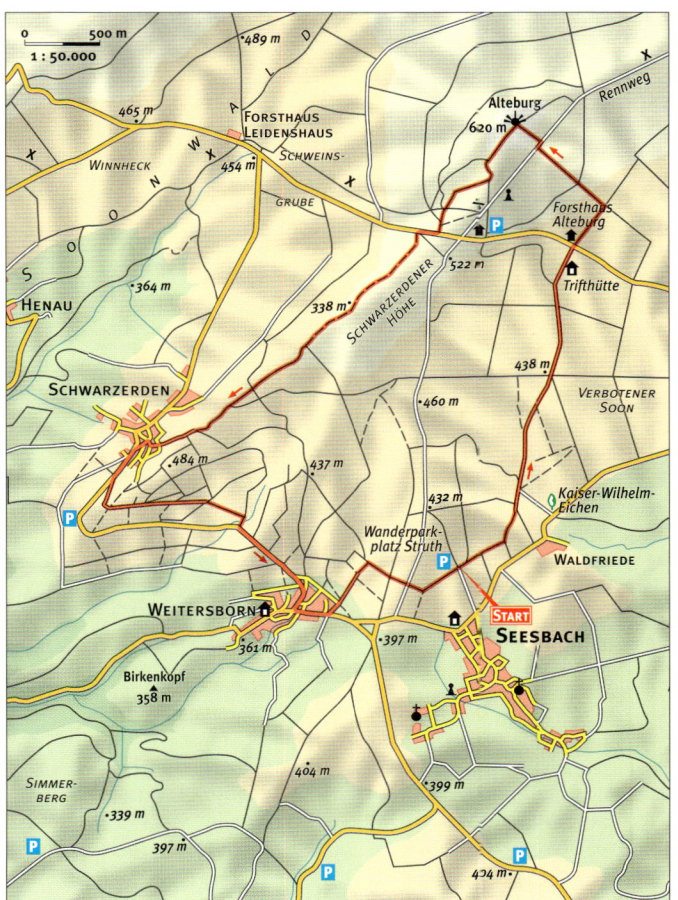

chen wir die Hauptstraße (2.10 Std.). Wir halten uns links und gehen bis zum Ortsende. In spitzem Winkel zur Straße geht linker Hand ein Waldweg mit dem Wegweiser nach Weitersborn ab. Diesem Weg folgen wir jetzt durch den Wald hinauf und durch Wiesen wieder hinunter. Nach einer Rechtskurve trifft der Weg auf die Landstraße, in die wir nach links einbiegen und das Dorf **Weitersborn** erreichen (2.40 Std.).

An der Hauptstraße halten wir uns links, kommen am Gemeindehaus vorbei und biegen am Ortsende nach links in einen Feldweg ein. Dieser Weg führt uns geradeaus zum Waldrand. Hier halten wir uns rechts und bleiben immer am Waldrand, über mehrere Kreuzungen mit Forstwegen hinweg. Etwas entfernt sehen wir zur Rechten die Häuser von Seesbach liegen und haben bald den **Wanderparkplatz Struth** erreicht (3 Std.).

Register

Auskünfte

Hunsrück-Touristik GmbH
Hunsrückhaus
54411 Deuselbach
Tel. 06504/950460, Fax 950431
E-Mail:
Hunsrueck-Touristik@t-online.de
Internet:
www.hunsruecktouristik.de

Touristik- und Informationsbüro
Birkenfeld
Am Bahnhof 4
55765 Birkenfeld
Tel.06782/99340, Fax 993449
E-Mail:
tourist.info.birkenfeld@t-online.de
Internet:
www.landkreis-birkenfeld.de
www.birkenfeld-nahe.de

Tourist-Information Emmelshausen
Rhein-Mosel-Str. 45
56281 Emmelshausen
Tel. 06747/93220, Fax 932222
E-Mail:
tourist.info@emmelshausen.de
Internet: www.emmelshausen.de

Tourist-Information Hermeskeil
Langer Markt 17
54401 Hermeskeil
Tel. 06503/809204, Fax 8090200
E-Mail: info@hermeskeil.de
Internet: www.hermeskeil.de

Tourist-Information Herrstein
Brühlstr. 16
55756 Herrstein
Tel. 06785/79103, Fax 79120
E-Mail: vg-herrstein@t-online.de
Internet:
www.deutsche-edelsteinstrasse.de

Touristik-Information Idar-Ober-
stein
Georg-Maus-Str. 2
55743 Idar-Oberstein
Tel. 06781/64421, Fax 64425
E-Mail:
info-idar-oberstein@t-online.de
Internet: www.idar-oberstein.de

Tourist-Information Kastellaun
Kirchstr. 1
56288 Kastellaun
Tel. 06762/40320, Fax 40340
E-Mail: info@kastellaun.de
Internet: www.kastellaun.de

Hochwald-Ferienland Kell
Alte Mühle
54427 Kell am See
Tel. 06589/1044, Fax 1002
E-Mail:
hochwald-ferienland-kell@t-
online.de

Tourist-Information Kirchberg
Marktplatz 5
55481 Kirchberg
Tel. 06763/910214, Fax 910299
E-Mail:
touristik@kirchberg-husrueck.de

Naheland-Touristik GmbH
Bahnhofstr. 31
55606 Kirn
Tel. 06752/2055, Fax 3170
E-Mail: Info@naheland.net
Internet: www.naheland.net

Tourist-Information Morbach
Unterer Markt 1
54497 Morbach
Tel. 05633/71117, Fax 3003
E-Mail:
touristinfo.morbach@t-online.de

Tourist-Information St. Wendeler Land
Am Seehafen
66625 Nohfelden-Bosen
Tel. 06852/90110, Fax 901020
E-Mail: tourist-info@bostalsee.de
Internet: www.bostalsee.de

Tourist-Information Rhaunen
Zum Idar 21 - 23
55624 Rhaunen
Tel. 06544/1810, Fax 18143
E-Mail: VGV-Rhaunen@t-online.de

Tourist-Information Rheinböllen
Am Markt 1
55494 Rheinböllen
Tel. 06764/3951, Fax 3958
E-Mail: info@rheinboellen.de
Internet: www.rheinboellen.de

Tourist-Information Ruwer
Rheinstr. 44
54292 Trier-Ruwer
Tel. 0651/55124, Fax 55159
E-Mail: vgruwer@t-online.de
Internet: www.ruwer.de

Tourist-Information Simmern
Brühlstr. 2
55469 Simmern
Tel. 06761/837106, Fax 837120
E-Mail: tourist-info@sim.rlp.de
Internet: www.simmern.de

Tourist-Information Stromberg
Am Markt
55442 Stromberg
Tel. 06724/274, Fax 227
E-Mail: touristinfo@stromberg.de
Internet: www.stromberg.de

Tourist-Information Thalfang
Saarstr. 7
54424 Thalfang
Tel. 06504/914050, Fax 8773
E-Mail:
rund.um.thalfang@t-online.de

Tourist-Information Treis-Karden
Marktplatz
56253 Treis-Karden
Tel. 02672/6137, Fax 2780
E-Mail:
verkehrsamttreis-
karden.vgtk@lcoc.de
Internet: www.treis-karden.de

Tourist-Information Zeller Land
Rathaus
56856 Zell
Tel. 06542/70122 oder 19433,
Fax 5600
E-Mail:
zeller-land.touristik.vgz@lcoc.de
Internet: www.zell-mosel.de

Informationszentrum Naturpark
Saar-Hunsrück
Trierer Str. 51
54411 Hermeskeil
Tel. 06503/95172, Fax 95173
Internet: www.naturpark.org

»DUMONT macht mobil!
DUMONT aktiv heißt die neue Reise-
führerreihe des DUMONT Buchverlags
für Wanderfreunde. Ob Schwarzwald,
Dolomiten, Irland oder die Pyrenäen,
die Reiseführer im handlichen Format
geben nützliche Informationen über
Wandersaison, Ausrüstung sowie
interessante Naturerscheinungen
entlang der vorgeschlagenen Routen.
Farbige Höhenprofile zu jeder Wanderung lassen sofort erkennen, wie anspruchsvoll der Weg ist und wieviel
Zeit man dafür einplanen muß.«

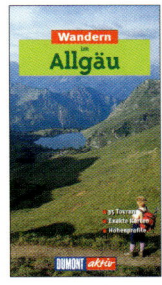

Augsburger Allgemeine

»Sie passen in jede Rucksackseiten-
oder Anoraktasche. Die kompakte
Form geht jedoch nicht zu Lasten der
Beschreibungen. Jede Route wird mit
allem geschildert, was wichtig ist: der
Wanderzeit, der Weglänge, dem Rou-
ten-Charakter bis hin zu Sehenswürdigkeiten und Einkehrmöglichkeiten
am Wege.«   *Welt am Sonntag*

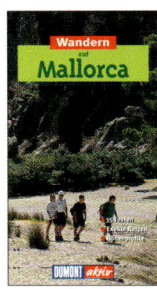

Zahlreiche Farbfotos machen Appetit
auf das Naturerlebnis und wecken die
Vorfreunde.

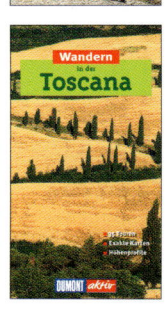

Weitere Informationen über die Titel der Reihe DUMONT aktiv erhalten Sie
bei Ihrem Buchhändler oder beim DUMONT Reiseverlag • Postfach 10 10 45 • 50450 Köln
Besuchen Sie uns im Internet: www.dumontreise.de

 **DUMONT EXTRA**

Der Reiseführer mit topaktuellen Tipps und fünf ungewöhnlichen Extra-Touren. Hinten im Buch befindet sich die Extra-Karte zum Herausnehmen – jederzeit griffbereit.

Jeder Band wird jährlich aktualisiert!

»Große Klasse zum kleinen Preis: schnelle Infos, tolle Fotos, fünf Touren, moderne Grafik und Extrakarte. Ein kompletter Reiseführer für junge Leute und Junggebliebene. Mit Insidertipps, die jede Reise zu einem wahren Vergnügen machen.«   *buch aktuell*

»Es handelt sich hier um kompakte Reiseführer mit verlässlichen, topaktuellen Tipps und wirklich lohnenden, originellen Routenbeschreibungen. Außerordentlich ist die jährliche Neuauflage! Insgesamt bietet ›DUMONT Extra‹ Tipps, Tipps und nochmals Tipps; und diese dann auch garantiert Jahr für Jahr neu.«

Nordbayerischer Kurier

Weitere Informationen über die Titel der Reihe DUMONT-Extra erhalten Sie bei Ihrem Buchhändler oder beim DUMONT Reiseverlag • Postfach 10 10 45 • 50450 Köln Besuchen Sie uns im Internet: www.dumontreise.de

DUMONT REISE-TASCHENBUCH

»Ein DUMONT muss nicht dick sein.
Mit höchstens 240 Seiten passen die
DUMONT Reise-Taschenbücher wirklich in jede Tasche. Sehr übersichtlich
und optisch ansprechend bietet diese
Reihe trotz der Kürze viel Hintergrund-
wissen im landeskundlichen Teil.
Nach dem Motto ›Man sieht nur, was
man weiß‹ wurden auch diese Titel
wieder von ausgezeichneten Landes-
kennern verfasst und Urlaubsziele
unter neuen Aspekten vorgestellt.«

tours

»Was den DUMONT-Leuten gelungen
ist: Trotz der Kürze steckt in diesen
Büchern genügend Würze. Immer wieder sind unerwartete Informationen
zu finden, nicht trocken eingestreut,
sondern lebhaft geschrieben ... Diese
Mischung aus journalistisch aufge-
arbeiteten Hintergrundinformationen,
Erzählung und die ungewöhnlichen
Blickwinkel, die nicht nur bei den Farb-
und Schwarzweißfotos gewählt
wurden – diese Mischung macht's.
Eine sympathische Reiseführer-Reihe.«

Südwestfunk

Weitere Informationen über die Titel der Reihe DUMONT Reise-Taschenbücher erhalten Sie
bei Ihrem Buchhändler oder beim DUMONT Reiseverlag • Postfach 10 10 45 • 50450 Köln
Besuchen Sie uns im Internet: www.dumontreise.de

DUMONT RICHTIG REISEN

»Den äußerst attraktiven Mittelweg zwischen kunsthistorisch orientiertem Sightseeing und touristischem Freilauf geht die inzwischen sehr umfangreich gewordene, blendend bebilderte Reihe ›Richtig Reisen‹. Die Bücher haben fast schon Bildbandqualität, sind nicht nur zum Nachschlagen, sondern auch zum Durchlesen konzipiert. Meist vorbildlich der Versuch, auch jenseits der ›Drei-Sterne-Attraktionen‹ auf versteckte Sehenswürdigkeiten hinzuweisen, die zum eigenständigen Entdecken abseits der ausgetrampelten Touristenpfade anregen.«

Abendzeitung, München

»Zum einen bieten die Bände der Reihe ›Richtig Reisen‹ dem Leser eine vorzügliche Einstimmung, zum anderen eignen sie sich in hohem Maß als Wegweiser, die den Touristen auf der Reise selbst begleiten.«

Neue Zürcher Zeitung

»Schön bebildert, ansprechend und übersichtlich aufgemacht. Erstklassige Autoren.« *Reise und Preise*

Weitere Informationen über die Titel der Reihe DUMONT Richtig Reisen erhalten Sie bei Ihrem Buchhändler oder beim DUMONT Reiseverlag • Postfach 10 10 45 • 50450 Köln
Besuchen Sie uns im Internet: www.dumontreise.de